Wolfgang Hengst



# Freude statt Burnout

## – 40 Lehrerjahre –

**VERRAI-VERLAG**
Stuttgart

Bibliografische Information der Deutschen Nationalbibliothek:
Die Deutsche Nationalbibliothek verzeichnet diese Publikation in der Deutschen Nationalbibliografie; detaillierte bibliografische Daten sind im Internet über http://dnb.d-nb.de abrufbar.



1. Auflage Februar 2018

https://verrai-verlag.de

Umschlaggestaltung:
ehrle studios Werbeagentur GmbH

Bildquellen Cover:
GES Sportfoto
Graphic design/Shutterstock.com

Lektorat:
Tobias Keil

Printed in Germany
ISBN 978-3-946834-37-3

# Vorwort von Klaus Peter Rippe

„Auf den Lehrer kommt es an." Diese inzwischen auch empirisch abgesicherte Aussage löst – ganz unabhängig von seiner erziehungswissenschaftlichen und fachdidaktischen Bedeutung – bei nahezu allen Menschen bestimmte Assoziationen aus. Gute wie schlechte Erfahrungen mit Lehrkräften kommen in den Sinn; einige unserer früheren Lehrkräfte bestehen die innere Prüfung, andere nicht. Zugleich wird einem bewusst, dass einzelne Lehrerinnen oder Lehrer maßgebliche Entscheidungen im eigenen Leben beeinflusst haben und in wichtigen Phasen des eigenen Lebens Vorbild gewesen sind. Wir erinnern uns nicht an all unsere Lehrerinnen und Lehrer. Aber an einige dagegen sehr gut ...

Zumindest wenn ich meine Erinnerungen nehme, sind Lehrerinnen und Lehrer in der Erinnerung relativ statische Persönlichkeiten. Sosehr ich selbst darauf pochen würde, dass ich mich im Laufe meiner Schuljahre verändert habe, so wenig scheine ich dies meinen Lehrerinnen und Lehrern zugestanden zu haben. In der Erinnerung wirken Persönlichkeit und Charakter ebenso konstant wie Unterrichtsmethoden und pädagogisches Geschick. Auch in Romanen, Serien und Filmen, die Lehrerinnen und Lehrer in den Mittelpunkt stellen, ist dies oftmals so.

Sicherlich gibt es Bildungsromane, in denen geschildert wird, wie sich ein Lehrer zum verständnisvollen Pädagogen entwickelt. Allerdings sind es in diesen Schilderungen oft externe Faktoren, welche die Veränderung bewirken. Im Verlauf der in der angelsächsischen Welt geschätzten und mehrfach verfilmten Novelle von James Hilton „Lebewohl, Mr. Chips" (Original „Goodnight, Mr. Chips", 1934) verwandelt sich Mr. Chipping

– genannt Mr. Chips – von einem strengen und auf Disziplin bedachten Lehrer zu einem, der durch Liebenswürdigkeit und Humor auffällt und Beziehungen zu seinen Schülern aufnehmen kann. Aber dies geschieht durch den Einfluss seiner Ehefrau. Sie lehrt ihn durch Rat und Tat, ein guter Lehrer zu sein. Eine Selbstreflexion oder ein Selbstlernprozess wird kaum dargestellt. Im deutschen Spielfilm „Der Pauker“ (1958) verändert ein von Gerd Fröbe gespielter Catcher Auftreten und Haltung des Lehrers Dr. Hermann Seidel (Heinz Rühmann). Neu gelernte Kampftechniken ebnen den Weg zu den Schülerinnen und Schülern und helfen dem Lehrer, sie den Vorstellungen der Zeit gerecht werdend „auf den richtigen Weg“ zu führen. Manchmal bewirken nur Schulwechsel Veränderungen wie etwa in der vor dreißig Jahren sehr beliebten Serie „Unser Lehrer Doktor Specht“. Die Titelfigur selbst bleibt alle Staffeln im selben Charakterfach.

Sowohl Erinnerungen wie auch die genannten Romane, Filme und Serien klammern damit einen der zentralen Aspekte des Lehrerberufs aus. Das Lehramt gehört zu jenen Berufen, in denen eine stete Selbstreflexion erforderlich und unausweichlich ist. Es bedarf nicht nur der permanenten Reflexion über die Beziehung zu einzelnen Schülerinnen und Schülern oder einzelnen Klassen. Gesellschaftliche und kulturelle Änderungen bringen immer wieder Herausforderungen mit sich. Migration und Digitalisierung sind nur die neuesten davon. Die Haupt- und Realschülerinnen und -schüler der 70er Jahre unterscheiden sich doch stark von jenen Jugendlichen, die heute Haupt-, Real- oder Werkrealschule besuchen.

Im selben Zeitraum wuchs nicht nur fachdidaktisches und bildungswissenschaftliches Wissen, auch die wissenschaftliche Methodik hat sich aufgefächert. Pädagogik ist heute immer noch, aber nicht mehr alleine eine Geisteswissenschaft. Seit der empirischen Wende der Bildungswissenschaft gibt es – analog

zur evidenz-basierten Medizin – zudem die Forderung nach einer evidenz-basierten Pädagogik. Wie in allen Berufen, die an der Schnittstelle zwischen Theorie und Praxis stehen, so besteht im Lehramt die Erfordernis, unabhängig von der Berufserfahrung Anschluss an die wissenschaftlichen Erkenntnisse und Theoriebildung zu halten. Stets besteht Grund und Anlass, pädagogische und didaktische Gewohnheiten und Moden, aber auch eigene Haltungen kritisch zu hinterfragen.
Ohne Zweifel geht es hier nicht um ein Alleinstellungsmerkmal des Lehrerberufs. Lebenslanges Lernen ist ebenso in anderen Professionen notwendig wie auch die Reflexion eigenen Tuns. Es ist zum Nachteil des Lehramts, dass dies in der Öffentlichkeit weit unbekannter ist als bei den juristischen oder medizinischen Professionen.

Dass dieses lebenslange Lernen und Reflektieren Teil des Lehrerberufs ist, erfährt man im vorliegenden Buch.

- Habe ich richtig gehandelt?
- War ich professionell genug?
- Tauge ich als Lehrer?

Dies sind die Fragen, die sich wie ein roter Faden durch das Buch ziehen. Die Erinnerung an vierzig Jahre im Lehramt sind zugleich Erinnerungen an genau diese Reflexionen, und sehr oft wird das Erlebte beim Schreiben neu reflektiert und beurteilt. Die permanente Auseinandersetzung mit dem eigenen Beruf begleitet den Autor bis in den Ruhestand.

Es gibt einzelne Handlungen, die Wolfgang Hengst heute peinlich sind, manches würde er heute anders machen, etliches freilich auch nach reifem Überlegen genau gleich. Ein innerer Lernprozess wird in allen Fällen deutlich und nachvollziehbar. Wir Leserinnen und Leser müssen seine Urteile nicht teilen. Jede und jeder darf – vielleicht sogar aus guten und überzeugenden

Gründen heraus – durchaus denken, der Autor hätte dies oder das vielleicht anders machen sollen. Aber niemand darf annehmen, dass die Positionen und das dargestellte Erleben nicht authentisch sind. Wie in allen guten Erinnerungsbänden wird nichts verschleiert und verdeckt, und früheres Erleben wird wahrhaftig dargestellt. Der frühere Ärger über sich selbst oder über das Misslingen pädagogischer Anstrengungen ist immer noch spürbar, genauso wie die Zufriedenheit über manchen Lehrerfolg.

Auffällig ist, dass Eltern wenig und Kolleginnen und Kollegen kaum einen Raum in diesem Buch haben. Da ja vieles beim echten Namen genannt und der Ort des Geschehens klar benannt wird, ist dies verständlich. Aber diese Dimensionen des Lehrerberufs geraten so in den Hintergrund. Anders betrachtet passt die Konzentration auf Schülerinnen und Schüler sehr wohl zur Haltung des Autors. Im Zentrum stehen die Jugendlichen. Fast etwas ähnlich zum fiktiven Mr. Chipping, der am Ende der Novelle der Tausende seiner Kinder – „alles Söhne" – gedenkt, so geht auch Wolfgang Hengst beim Schreiben die Vielzahl jener durch den Kopf, die er unterrichtete. Auf fast sechstausend kommt er im Überschlag, was wir ihm gerne glauben wollen.

Das Besondere ist, dass diese stete Reflexion und dieses Hinterfragen der eigenen Professionalität keineswegs die Freude des Autos am Beruf zerstörte. Dies liegt nicht oder zumindest nicht allein an den positiven Rückmeldungen und Erfolgserlebnissen. Viel stärker kommt heraus, dass Herrn Hengst eines auszeichnet: die Freude am Beruf. Das lächelnde Gesicht, mit dem er morgens in die Schule zu kommen pflegte und damit die Verwunderung anderer auslöste, ist Sinnbild dafür. Ohne Zweifel hat Herr Hengst Spaß an der Schule. Wenn man das Buch liest, wird ebenso klar, dass seine Schülerinnen und Schüler natürlich nicht immer, aber doch oft genau dasselbe erlebten: Spaß an der Schule.

Am Ende der Lektüre gingen meine eigenen Erinnerungsversuche denn in eine andere Richtung. Wie in diesem Vorwort stand am Anfang der Lektüre die Erinnerung an einzelne Lehrkräfte. Am Ende stand eine andere Frage. Hat mir die Schule auch einmal solchen Spaß gemacht?

Karlsruhe, den 23. November 2017

Prof. Dr. Klaus Peter Rippe
Professor für praktische Philosophie und
Rektor der Pädagogischen Hochschule Karlsruhe

# Freude statt Burnout
# 40 Lehrerjahre

35 Essays zu meinem Kernthema
Unterricht *und* Erziehungsarbeit

**Gewidmet meinen Enkelkindern**
**Dean und Jade**

# Prolog

Seit einigen Jahren überlege ich mir, ob es Sinn macht, meine Erlebnisse und Erfahrungen aus 40 Lehrerjahren zu Papier zu bringen.

Viele meiner Schüler haben mich bestärkt, ein Buch zu verfassen.

Jetzt mit 66 Jahren habe ich mir die Zeit genommen, im Rückblick zu zeigen, dass ich gern Lehrer war und die Erziehung der mir Anvertrauten mit Freude angegangen bin. Fairplay war meine Offensivkraft, gepaart mit einem gewissen „Kampfgeist", den ich mir im Sport aneignen konnte. Lehrer: eine schwierige und schöne Aufgabe gleichzeitig. Ich wollte nicht nur reiner „Stoffvermittler" sein, sondern mit Optimismus erzieherische „Basisarbeit" leisten, um jungen Menschen dabei zu helfen, ihr Leben positiv gestalten zu können und sich verantwortungsbewusst in unserer Gesellschaft einzubringen.

Ich weiß sehr wohl, dass Pädagogen kritisch beäugt werden. Wir stehen im Licht der Öffentlichkeit. Eins habe ich im Leben gelernt: Kritisieren ist leicht, besser machen ist schwer; im Alltag, in der Politik, im Beruf und in den Vereinen. Zu denken gibt mir seit Jahren, dass Männer in erzieherischen Berufen so unterrepräsentiert sind. Ich hoffe in dieser Hinsicht auf eine Trendwende!

Klagen über beruflichen Burnout, nicht nur im Lehrerberuf, kommen in den letzten Jahren immer stärker ans Tageslicht. Ich möchte in meiner Abhandlung darlegen, dass die Freude im und am Beruf quälende Burnout-Gedanken pulverisieren kann.

War ich für meine mir anvertrauten jungen Menschen professionell genug? Diese Frage können meine circa 6000 Schülerinnen und Schüler, die ich in 40 Jahren unterrichtet habe, wohl am besten beantworten, vielleicht auch deren Eltern. Ich war mir immer bewusst, dass ich – ohne Wenn und Aber – für den Lernerfolg der Heranwachsenden verantwortlich war und ich wollte sie zudem mit meinen erzieherischen Möglichkeiten zu fairem Verhalten hinführen. Gemeinsam lernen, im Team stärker werden, zusammenhalten und keinen Schulfrust zulassen, das war meine Devise.

Gut vorbereitete und von Prüfungskommissionen oder Vorgesetzten benotete „Lehrproben“ im Studium bzw. zur Verbeamtung und dienstliche Beurteilungen meiner Schulleiterinnen und Schulleiter sind – im Rückblick gesehen – nur bedingt relevant gewesen, da ich keine „höheren Positionen“ anstrebte, sondern an der „Unterrichts- und Erziehungsfront“ bleiben wollte. Kopien dieser Beurteilungen verstauben nun in meinem Aktenschrank. In der Schule hingegen war täglich das Leben „pur“ zu verspüren: ein Spiegelbild der Gesellschaft!

„Die Wahrheit liegt auf dem Platz“, heißt es beim Fußball. Ob ein Lehrer „was taugt“, wie der Volksmund sagt, zeigt sich im Umgang mit den Kindern und Jugendlichen hinter geschlossenen Klassenzimmertüren oder in Sporthallen im täglichen Unterrichtsgeschehen. Schülerzufriedenheit mit der Lehrkraft und der Lernerfolg stehen allem Anschein nach in engem Zusammenhang, das haben unter anderem auch OECD-Untersuchungen ergeben.

Engagement, Motivationskunst, Zuverlässigkeit, Belastbarkeit, Offenheit, Ehrlichkeit, auch Loyalität und Standhaftigkeit für unsere demokratischen Werte sind gefragt, nicht nur ab und zu, sondern über Jahrzehnte hinweg. Mit Fairplay gegenüber „Alt und Jung“ habe ich bis zum heutigen Tag beste Erfahrungen in der Schule und im Alltag gemacht. Eine gute Motivation für meine Schüler und für mich selbst war die häufige Einbeziehung der Aktualität.

Der Rektor der Pädagogischen Hochschule Karlsruhe, Prof. Dr. Klaus Peter Rippe, hat in einem Interview am 24. 11. 2016 Stellung genommen, was man von einem Lehrer erwarten darf:
„Was ich für besonders wichtig halte, ist ein lebendiger Geist. Das heißt, dass eine Lehrkraft eine gewisse Offenheit mitbringt, dass sie sich für vieles interessiert, intellektuell Spannendes liest, gesellschaftlich engagiert ist und mitdiskutieren kann.“

Recht hat der Mann. Das Wort „Lehrkraft“ ist meines Erachtens wirklich wörtlich zu nehmen. Es kostet viel Kraft, Lehrer zu sein, aber nachdem ich mich freigeschwommen hatte, bin ich fast jeden Morgen motiviert und mit Freude in den Unterricht gegangen.

Es gab in meinem Berufsleben tatsächlich viel Erfreuliches, das mich ermutigt hat, meine positive Einstellung zum Beruf vier Jahrzehnte lang aufrechtzuerhalten. Schule kann tatsächlich Glückshormone freisetzen, Schulfrust muss nicht sein.

Lernen hört nie auf, selbst wenn es uns vergönnt sein sollte, steinalt zu werden. Das ist doch gut so! Zurzeit lerne ich von meinen zwei Enkelkindern, dass man mehr lachen und sich freuen sollte und dass ich mich nicht in alles einmischen darf. Für mich ist es ein schönes und erfüllendes Gefühl, im Umgang mit jungen und auch älteren Menschen auf pädagogischem Sektor kein Greenhorn mehr zu sein.

Ich möchte in meinen „kleinen Memoiren" über Tatsachen und Ereignisse schreiben, die ich hautnah in meinem beruflichen Alltag erlebt habe. Außerdem will ich offenlegen, was aus der gesellschaftlichen Lebenswirklichkeit, der Politik und unseren demokratischen Grundlagen in meinen Unterricht eingeflossen ist. Meine persönliche Meinung zu den für mich entscheidenden pädagogischen Erziehungsschwerpunkten werde ich in meinem Text ebenfalls darlegen.

Ich würde mich freuen, wenn mir meine ehemaligen Schülerinnen und Schüler und möglichst viele Leserinnen und Leser ein Feedback geben könnten!

Immer wieder bin ich von Schülern gefragt worden, ob ich im nächsten Schuljahr ihr Klassenlehrer werden möchte. Einige Jahre war ich sehr gern Mentor, gewissermaßen Ausbilder angehender Lehrkräfte und in den letzten zehn Jahren meiner „Laufbahn" sind zu meiner Freude junge Referendare aus freien Stücken an mich herangetreten, ob sie in meinem Unterricht hospitieren könnten, sie hätten gehört, dass mir die Schüler tatsächlich zuhören würden. Gerne habe ich diesen Anfragen zugestimmt. Die Atmosphäre in meinen Klassen hat den Studentinnen und Studenten gefallen. „Wie man in den Wald hineinruft, so schallt es heraus." Ich glaube, an diesem alten Sprichwort ist in pädagogischer Hinsicht viel Wahres dran.

Klar – auch ein Lehrer braucht Rückmeldungen, ob er anerkannt ist, ob man gerne zu ihm in den Unterricht geht. Es tut gut, wenn Schüler einem das Gefühl vermitteln, dass sie mit Freude in den Unterricht kommen, unabhängig vom Fach! Auch in Elterngesprächen bekommt man in dieser Hinsicht meist „reinen Wein" eingeschenkt und freut sich über ein Lob.

Viel Spaß hat es mir gemacht, dass mich meine Schülerinnen und Schüler im Internet jahrelang benotet haben! Noten wurden gegeben: für das Auftreten im Unterricht, die Vorbereitung der Lehrkraft, die Fairness der Lehrer-Noten, die Kompetenz in den Fächern, die allgemeine Unterrichtsqualität, sogar die Coolness, die Witzigkeit und die Beliebtheit der Lehrkraft.

Diese Beurteilung der Schüler war anonym, es gab Einzelnoten und eine Gesamtnote, die ich einsehen und ausdrucken konnte. Ich habe mir gedacht, Schüler zu benoten ist eine wichtige Aufgabe des Lehrers, daher geht es in Ordnung, wenn sie auch mich benoten, selbst wenn das anonym ist, denn dann trauen sie sich, ein „Urteil" abzugeben, ohne „Sanktionen" befürchten zu müssen. Eine coole Sache!

Leider wird das Internet heute vermehrt genutzt, um Lügen zu verbreiten oder gar demokratische Wahlen zu beeinflussen und Demokratien insgesamt zu destabilisieren. Stichwort: Fake-News. Traurig, die weltweite, an sich positive Vernetzung so zu missbrauchen.

Schülerinnen und Schüler könnte man am Ende ihrer Schulzeit ernsthaft befragen, welche Art von Unterricht ihnen am meisten gebracht hat. Demokratische Hinweise von „der Basis" für Bildungspolitiker, Pädagogen und Hochschulen! Nicht in einer satirischen Abi-Zeitung, schon eher in einer Doktorarbeit könnte man das aufarbeiten. Ist die schon geschrieben worden?

Mein Unterricht bestand in all den Jahren zu einem nicht unerheblichen Teil aus Erziehungsarbeit mit dem Charakter der täglichen Herausforderung! So wird es wohl allen Lehrerinnen und Lehrern gehen. Vertrauen erarbeiten ist nicht einfach und es galt für mich, meinen Weg *mit* den Schülern zu finden, nicht *gegen* sie! War meine Empathie, die man mir nachgesagt hat, gut für die Schüler? Ich hoffe es.

Es gelang mir, nach einer gewissen Einarbeitungsphase, zahlreichen, nicht immer angenehmen Situationen etwas Positives abzugewinnen, in die ich in ganz jungen Lehrerjahren mit mulmigem Gefühl gegangen bin. Nicht resignieren, Optimismus hochhalten, war wichtig.

Jahrzehntelanger Unterricht in Klassen mit über 30 Schülern an „meiner" Realschule; das anspruchsvolle Fach Deutsch mit einer aufwendigen Benotung von Schüleraufsätzen in Oberklassen; furchtbare Rechtschreibprobleme, vor allem von Jungs; Lehrerkonferenzen von über sechs Stunden Dauer; Lehrplanänderungen, deren Sinn mir nicht immer klar war; kräftezehrender Unterricht mit manch schwierigen Kindern; Über- und Unterforderungen von Schülern; vierzehntägige Schullandheimaufenthalte; sehr viele Vertretungsstunden für abwesende Lehrkräfte; außerschulische Veranstaltungen und Fahrten mit großer Verantwortung; fachfremder Unterricht in einigen Fächern und vieles andere mehr – das war nicht immer einfach zu verkraften. Man braucht unheimlich viel Selbstdisziplin in jeder Hinsicht.

Über allem stand bei mir jedoch die Freude am Unterrichten, die Anerkennung durch strahlende Schüleraugen und auch die Dankbarkeit vieler Abschlussklassen an unserer Realschule, ansonsten hätte ich dieses Buch nicht verfasst.

Mir war wichtig, mit Schülern mehr und mehr ins Gespräch zu kommen, deren Sorgen anzuhören und durch manche Feststellungen der jungen Leute immer wieder dazuzulernen, welche Art von Unterricht ernst genommen wird.

Oft war ich im Klassenzimmer Entertainer und Motivator. Ich habe mich übrigens nie dem allgemeinen „Tenor" angeschlossen, dass Schüler immer schwieriger und schlechter werden. Die Lehrerpersönlichkeit scheint für guten Unterricht wichtiger zu sein als noch so gut gemeinte Methodenvielfalt. Das sagen viele, mit denen ich über Schule gesprochen habe.

Den Unterricht so interessant und mitreißend zu gestalten, dass selbst die größten „Störenfriede“ gar nicht dazu kamen, irgendwelchen Unsinn zu machen, war herausfordernd, aber möglich! Klare Ansagen habe ich mir zur Pflicht gemacht. Kräftige Stimme, gut und deutlich zu hören. Recht schnell funktioniert Unterricht auch leiser, wenn die „Schwierigen“ mitziehen. Manchmal habe ich zur Erheiterung meiner Schüler auch kurzzeitig im Flüsterton unterrichtet.

Martin Luther musste vor 500 Jahren um jedes Wort „ringen“ und die deutsche Sprache gewissermaßen neu „erfinden“, damit man seine Bibelübersetzung im sprachlich zerrissenen Deutschland, dem damaligen „Flickenteppich“, überhaupt ansatzweise verstehen konnte. So kam ich mir als Lehrer auch manchmal vor. Die Sprache des Pädagogen muss klar sein.

Ich musste, selbst im Fach Deutsch, in dieser Hinsicht Kompromisse machen und mich zeitweise im Unterricht in der Jugend- und Umgangssprache „bewegen“, um die jungen Leute motivieren zu können.

Mehr Spaß machte es mir 40 Jahre lang, den Kids gutes Deutsch, eine ansprechende Rhetorik und viele Kulturgüter deutscher „Sprachschätze“ nahezubringen.

In einer relativ störungsfreien Arbeitsatmosphäre unterrichten zu können, macht Freude! Vielen musste ich mit allen Mitteln der Kunst beibringen zuzuhören und es war für mich wichtig, die Schüler ständig aufzufordern, selbst deutlich und klar zu sprechen. Badischer Dialekt kann schön sein, im Leben kommt man mit Sicherheit jedoch weiter, wenn die Standardsprache in Schriftform und mit möglichst geschliffener „Redekunst“ angewendet werden kann. Gut – es mag Ausnahmen geben, wenn diejenigen authentisch sind, sogar im Bundestag.

„Was jammert ihr eigentlich?", habe ich zu den Heranwachsenden im Laufe meines Lehrerlebens *immer wieder* gesagt.

„Wir haben ein schönes Klassenzimmer, nette Klassenkameraden, eine gut ausgestattete Schule, Friede und Wohlstand seit vielen Jahren. Ich denke, ihr habt Freunde und wir haben gemeinsam ein lohnenswertes Ziel vor Augen: den Realschulabschluss, die Mittlere Reife, mit der tollen Aussicht auf einen guten Beruf oder eine wunderbare Basis für das Abitur!" Das Jammern hat in meinen Klassen schnell aufgehört. Wirklich.

Ich konnte zunehmend im Unterricht und in den Pausen im Schulhaus und Schulhof feststellen, dass mich meine Schüler und sogar Unbekannte freundlich grüßten und das Gespräch mit mir suchten. Eine Tatsache, die mir als Lehrer viel Mut gegeben hat! Natürlich ist es auch wertvoll für mich gewesen, wenn man von Eltern hört, dass die Tochter oder der Sohn gern in den Unterricht kommt.

Man wächst mit seinen Aufgaben. Es kann jedenfalls nicht schaden, wenn dem Lehrer mit der Zeit ein guter Ruf vorausgeht. Es ist ganz wichtig, im Lehrerberuf nicht zu verkrampfen, zu verbittern oder mit Widerwillen in den Unterricht zu gehen. Ich bin sehr oft mit einem Lächeln auf dem Gesicht durch unser Schulhaus gelaufen und wurde angesprochen, weshalb ich so fröhlich dreinschauen würde. „Ich bin gern Lehrer", war meine Antwort und das war nicht gelogen. Auch im Lehrerzimmer, Sekretariat und Rektorat ist meine Fröhlichkeit aufgefallen und man bescheinigte mir ein „sonniges Gemüt". Mit Leichenbittermiene herumzulaufen und Pessimismus zu verbreiten, war nicht mein Ding, das steckt nämlich an, bei manchen Leuten ist das krankhaft.

Man hat mir allerdings sofort angesehen, wenn ich nicht gut drauf war oder gar eine Wut im Bauch hatte. Irgendwie trage ich mein Herz auf der Zunge und anscheinend im Gesichtsausdruck. Nicht immer ist es mir gelungen, eine positive Körpersprache, die ich im Unterricht an den Tag gelegt habe, in sehr langen Lehrerkonferenzen „rüberzubringen", obwohl ich mir das trotz aller Probleme vorgenommen hatte. Ein Kollege sagte zu mir nach einer Mammut-Sitzung: „Am Beginn unserer Konferenz hast du gestrahlt, in der Mitte wirktest du betroffen und am Ende betrübt." Auch im Lehrerzimmer hat man mich bisweilen sehr nachdenklich angetroffen.

In den Klassenzimmern bei meinen Schülern fühlte ich mich wohler, hier war ich tatsächlich Herr des Geschehens und auf mich allein gestellt. Diese Herausforderung nahm ich gerne an, tausend andere Meinungen bringen da nichts, verwirren dich nur. Ein verwirrter Lehrer ist der Tod des Unterrichts. Als aktiver Fußballspieler habe ich mich immer sehr wohl gefühlt, als passiver Zuschauer kannst du leider keinen Einfluss mehr auf das Spiel nehmen, es sei denn durch Anfeuern.

„Du mit deiner Empathie!" Diese Aussage eines Kollegen klang fast vorwurfsvoll. Ich glaube, er hat es gut gemeint, ich solle Probleme der Schüler nicht so nah an mich herankommen lassen. Das konnte ich jedoch nicht.

Im Studium an der Pädagogischen Hochschule Karlsruhe habe ich gelernt, dass sich der Begriff Pädagogik – im Sinne von Erziehung und „Unterweisung" – im Laufe von Jahrhunderten aus der Philosophie und Theologie ausdifferenziert hat.

Nach 40 Lehrerjahren verspüre ich nun als Pensionär im tiefsten Innern tatsächlich auf eine geheimnisvolle, fast wehmütige Weise geradezu ein philosophisches und theologisches Gefühl, wenn ich an diese Zeit in der Schule zurückdenke. Habe ich etwa „Heimweh“? Klar: Erinnerung vergoldet. Ich bin aus vollem Herzen dankbar, dass ich diese „Schul-Zeit“ erleben durfte. Ich gebe zu, es fällt mir schwer „loszulassen“.

Ist es überhaupt sinnvoll, sich als Lehrer in Buchform zu „outen“ und sich dadurch im Nachhinein „angreifbar“ zu machen? Die Kritik in den modernen Medien wird ja zunehmend brutaler. Wie auch immer, man wird aus jedem meiner Sätze herauslesen können, dass ich als Buchautor kein Erziehungswissenschaftler bin, sondern als Lehrer ein Mann der Praxis war.

Wie anders hätte ich – in meinem persönlichen Rückblick – die vielen positiven Eindrücke und die Freude an meinem Beruf darstellen und festhalten können?

Ich würde mich freuen, wenn ich vielleicht mit meinen Schilderungen einige junge, sportliche, belastbare Männer, die ein Herz für Kinder haben, für diesen Beruf begeistern kann, denn es darf meines Erachtens nicht sein, dass sich Männer aus erzieherischen Berufen immer mehr fernhalten.

## 1) Was bleibt von der eigenen Schulzeit?

1956 bin ich „eingeschult“ worden. Ich war gespannt wie ein „Flitzebogen“, was da auf mich zukommen würde. Es war spannend und interessant in der ersten Klasse. Recht schnell gab es die ersten Noten, zum Beispiel in „Schönschrift“. Wir haben geradezu jeden Buchstaben gemalt, den der Lehrer – es gab damals nur männliche Lehrkräfte von der ersten bis zur achten Klasse – uns an der Tafel „vorgeschrieben“ hat. Schiefertafel, dann Heft, toll. Ich strengte mich sehr an und wurde durch viele „Einser“ belohnt, in fast allen „Fächern“. Unser Klassenlehrer malte wunderbare Zeichnungen mit farbiger Kreide an die Tafel, z. B. Micky Mouse, fast lebensecht.

Meine „Grundschulzeugnisse“ blieben vier Jahre lang sehr gut. „Volksschule“ hieß das damals. Ich war gern Schüler und erinnere mich noch, wie ich mal im Unterricht einen Anführer spielen sollte, der eine Burg stürmt. Ich habe meine Mitschüler in Reih und Glied gestellt, einen nicht vorhandenen riesigen Baumstamm greifen lassen und mit mehrmaligem Hau-Ruck das gewaltige Holztor der Burg „durchbrochen“.

Dann wechselte ich auf ein altehrwürdiges Gymnasium in Karlsruhe, eine folgenschwere Entscheidung. Düsteres Gemäuer, meine heile Dorfschulwelt war schon bald zertrümmert. Latein, Französisch, Englisch, Mathe, Physik, Chemie ... Der Notendruck war immens, Hausaufgaben gab es in Hülle und Fülle. Ich will meinen Lehrern nachträglich keinen Vorwurf machen, aber begeistern und mitreißen konnte mich damals keiner. Ich fühlte mich überfordert, war es wohl auch und jedes Jahr wurden meine Noten schlechter. Aus dem erfolgreichen Jungen wurde ein schwächelnder Schüler. Es gab übrigens nur männliche Schüler an diesem Gymnasium.

Einige Klassenkameraden waren Spezialisten im „Lehrer ärgern“, das blieb bei mir hängen. Einer war vor allem ihre Zielscheibe:

unser Geschichtslehrer. Zwei Mitschüler stellten einen Plan auf, was wir machen sollten: 8.24 Uhr – Wecker klingelt im Lehrerpult, 8.32 Uhr – Schnarchgeräusche, 8.39 Uhr – Styropor quietscht am Boden, Stundenende: Der Lehrer hat die Türklinke in der Hand, weil sie vorher gelockert wurde, alle rennen zum Fenster und schreien: „Herr ... lässt uns nicht raus." Tja, 7. Klasse. Einmal sollten wir uns blitzschnell auf einen anderen Platz setzen, wenn sich unser „Geschichtsprofessor" an die Tafel dreht. Mich hat er erwischt, ich war eine Sekunde zu spät am Nachbarplatz, schallende Ohrfeige, meine erste und einzige als Schüler.

An dieser Stelle will ich gleich eine Beichte einfügen, denn leider ist mir als Lehrer 15 Jahre später Folgendes passiert: Sporthalle in meinen Anfangsjahren. Ich zog mich um in einer Kabine mit großer Glasscheibe und Sicht in die Sporthalle. Meine Siebtklässler waren, von der Umkleidekabine kommend, schon vereinzelt in der Halle. Plötzlich sah ich, wie ein Junge mehreren Klassenkameraden mit voller Wucht seine Faust in den Bauch haut. Einer lag bereits am Boden, er wollte gerade den zweiten mit Gewalt niederboxen. Ich lief auf ihn zu und gab ihm eine Ohrfeige, meine erste und letzte als Lehrer. Affekthandlung. Was passierte dann? Er war wie umgewandelt und hatte mich vier Jahre lang bis zu seinem Abschied aus der Schule immer freundlich behandelt und gegrüßt, selbst als ich ihn nicht mehr im Unterricht hatte. Ich will um Himmels willen nicht für Ohrfeigen plädieren, denn die sind mit Recht verboten und die eine ist mir heute noch peinlich!

25 Jahre später hatte ich seine Tochter im Unterricht und ich fragte sie, ob der Vater schon etwas über mich erzählt habe. „Nur Gutes", war die Antwort. Vergeben, vergessen, Glück gehabt. 40 Jahre war ich Lehrer, vorher 18 Jahre Schüler: eine Ohrfeige erhalten, eine gegeben und die Hoffnung, dass der

Spruch stimmt: Einmal ist keinmal. Ich habe jahrelang meinen Schülern von diesen Vorfällen und beiden(!) Ohrfeigen erzählt. Sie hatten Verständnis für mich, weil ich die Mitschüler seinerzeit in der Sporthalle schützen wollte. Die Prügelstrafe ist zu Recht abgeschafft worden. Klar – auch die eine Ohrfeige war genau eine zu viel und ich hab mir damals geschworen, dass mir so etwas nicht mehr passieren wird, egal wie „knüppeldick“ es kommen mag!

Zurück zu meiner eigenen Schulzeit: Ich musste die 8. Klasse wiederholen und drohte mein Selbstvertrauen zu verlieren. Schwierige Phase. Irgendwie versuchte ich, alles zu verdrängen. Der gleichzeitige Konfirmanden-Unterricht war auch keine echte Hilfe. Selbst beim Pfarrer gab es übrigens damals Ohrfeigen, zum Glück nicht für mich. Immerhin hat unser Pfarrer beim Hausbesuch erkannt, wie ich „durchhänge“ und mir einen Konfirmandenspruch ausgesucht, der mich trösten sollte: „Siehe, ich habe dir geboten, dass du getrost und freudig seist.“ Josua 1, Vers 9.

Versucht hab ich's mit dem „Freudigsein“. Der Sport hat mir geholfen: kämpfen, aufstehen, laufen, Tore erzielen, sich wehren und durchsetzen, zeigen, dass du was kannst.

Wäre eine Realschule für mich auf dem Weg zum Abitur damals besser gewesen? Vielleicht. Als langjähriger Realschullehrer kann ich im Rückblick tatsächlich sehr für diese Schulart plädieren! Aber Realschulen waren seinerzeit erst in der „Gründungsphase“ und weitgehend unbekannt.

Heute denke ich, vielleicht wurde ich durch diese Erfahrung geläutert und später ein verständnisvoller Lehrer, weil ich als Schüler hautnah spüren musste, was in der Schule alles negativ laufen kann!

Nach der 10. Klasse wechselte ich zu meinem Glück auf ein wirtschaftswissenschaftliches Gymnasium und habe dort ein recht ordentliches Abitur geschafft. Ein Lehrer dieser Schule blieb mir in guter Erinnerung. Er war sehr menschlich, erzählte viel Interessantes und sein Unterricht machte mir Spaß. Ich lernte viel bei ihm über die soziale Marktwirtschaft in Deutschland. Der Mann war glaubhaft und authentisch. Aus meiner heutigen Sicht ein Vorbild für mich.

Ich hatte nur noch Englisch als Fremdsprache, Volkswirtschaftslehre und andere Fächer, die mich interessierten. Cicero, Caesar, der Ablativ und das düstere Schulgemäuer, welches damals von außen fast wie ein Gefängnis aussah, hatten mich doch nicht ganz plattgemacht. Soweit ich weiß, unterrichtet man dort nun auch Jungs und Mädchen gemeinsam. Ich hatte leider noch nicht „das Vergnügen".

Wenn ich also an meine eigene Schulzeit zurückdenke, was ist im Langzeit-Gedächtnis geblieben?

Bruchstückhaftes Fachwissen, das bei mir völlig von der Motivationskunst der jeweiligen Lehrkraft abhing, Marotten der Mitschüler und Lehrer, einige schlechte „Vorbilder", Schülerstreiche, trockener Stoff, wenige Fächer, die Spaß gemacht haben, manch ausgetrocknete Lehrkraft, ein paar echte Pädagogen, blaue Flecken vom Barren- und Reckturnen, Spaß im Pausenhof, Latein als Grundlage für andere Sprachen, Überforderung durch drei Fremdsprachen plus Mathematik, großer Notendruck, fehlender Fleiß meinerseits, ein Lachkrampf im Unterricht, Hitzefrei, Kohleferien, auswendig Gelerntes, Tabu-Themen, z. B. das „Dritte Reich", Schach unter dem Tisch während des Unterrichts, schöne Ausflüge, Ohrfeigen, erhebliche Unterschiede von Schule zu Schule, Freude und Erleichterung nach dem Abitur.

Ein kluger Kopf, Werner Heisenberg, hat einmal festgestellt: „Bildung ist das, was übrig bleibt, wenn das Gelernte vergessen ist." Richtig.

Nach meinem Studium an der Pädagogischen Hochschule Karlsruhe wurde ich mit 23 Jahren ins „heiße Wasser" geworfen. Die Professoren und Dozenten an der PH haben sich größte Mühe gegeben, uns für den Lehrerberuf zu rüsten, geprägt und wachgerüttelt haben mich jedoch die Vielzahl der eigenen Lehrproben und Unterrichtsversuche in jedem einzelnen Schulpraktikum. Die Schule des Lebens, jetzt auf der anderen Seite des Lehrerpults. Hatte ich aus meiner eigenen Schulzeit und dem Studium etwas gelernt?

Die Antwort auf diese Frage möchte ich in den folgenden Kapiteln geben.

## 2) Jung und unerfahren

1973: Grund- und Hauptschule Laufenburg an der Schweizer Grenze, direkt am Hochrhein.

Sofort nach dem Studium und zahlreichen geradezu „illusionsraubenden" Praktika begann für mich der Ernst des Lehrerlebens. Eigentlich wollte ich damals sogleich das Studium zum Realschullehrer anschließen, aber der Lehrermangel war in den siebziger Jahren so groß, dass man mich gebeten hat, unverzüglich in „Badisch Sibirien" – wie wir Studenten diese Gegend nannten – zu unterrichten. Man versprach mir im Oberschulamt Freiburg, dass ich nach einem Jahr weiter studieren dürfe.

In Laufenburg bei Waldshut wurde ich sogleich Klassenlehrer einer 2. Klasse. Der südbadische Dialekt, das Alemannische, war gewöhnungsbedürftig, aber irgendwie beflügelnd. Der Fasching dort war herrlich: Laufenburger Fasnet, der Hammer!

Meine 2. Klasse war zunächst ziemlich laut und undiszipliniert, ich wusste mir nicht so recht zu helfen. Bald schon kam ein Kollege vom Nebenzimmer herein und beschwerte sich, dass die Lautstärke durch die Wände dringen würde. Aus heutiger Sicht folgte sofort nach dieser Kollegenschelte ein erster gravierender Fehler meinerseits: Ich wurde laut und wollte die Ruhe abrupt herstellen. Was werden die Kleinen damals wohl gedacht haben? Wenn ich diese Zeilen schreibe, dürften sie übrigens knapp über 50 Jahre alt sein.

Nach ein paar Wochen hatte ich begriffen, dass ich die Jungen und Mädchen nicht mit Druck und Lautstärke ruhigstellen durfte, sondern Mittel und Wege finden musste, um sie zu begeistern, zu motivieren. Ich versuchte das kleine Städtchen Laufenburg, die Heimat und Umgebung der Kinder, mehr in den Unterricht einzubeziehen, ihre Wünsche ernst zu nehmen und mehr lustige Dinge in den Unterricht der Zweitklässler einzubauen.

Bald schon wurde ich am Schulhof von den Kindern empfangen und gefragt, ob man mir meine Tasche ins Klassenzimmer tragen dürfe. Ein gutes Zeichen. An ein dickes Kompliment erinnere ich mich ebenfalls noch. Ein Schüler stellte fest: „Unserem Lehrer fällt immer etwas ein."

Bei den Lehrerkonferenzen in Laufenburg waren fast nie alle Kolleginnen und Kollegen einer Meinung. Ich schlüpfte mit meinen 23 Jahren in eine Art Vermittlerrolle und fühlte mich sehr wohl dabei. Meine Redebeiträge und Appelle für eine bessere Zusammenarbeit im kleinen Kollegium wurden tatsächlich ernst genommen. Von einem Jungspund! Erste pädagogische Freude stellte sich bei mir ein.

Einmal habe ich tatsächlich verschlafen und kam mit 15 Minuten Verspätung ins Schulhaus. Der Hausmeister hatte meine Klasse bereits „übernommen". Am gleichen Nachmittag fuhr ich über den Rhein in die benachbarte Schweiz, kaufte einen Präzisions-Wecker bei den Eidgenossen und bin seit diesem Tag nie mehr zu spät gekommen.

Mein erstes Schuljahr als Lehrer bleibt mir mein Leben lang in guter Erinnerung, zumal ich erstmals in einer eigenen Wohnung lebte, zunächst keinen Menschen kannte und sowohl pädagogisch wie auch im Alltagsleben völlig selbstständig zurechtkommen musste. Ein Hauch von Freiheit und Selbstbestimmung umwehte mich, 250 Kilometer von meinem Zuhause.

Anschließend konnte ich mein Studium an der PH Karlsruhe fortsetzen und kam nach dem zweiten Staatsexamen als Realschullehrer nach Baiersbronn. Der Schulneubau war dort noch nicht fertig, der Unterricht fand in einem relativ kleinen älteren Gebäudekomplex statt, alles war überschaubar. Meine 7. Klasse ließ sich gut motivieren – trotz nicht zu übersehender Pubertät. Schon damals, es war 1974, fiel mir auf, dass einige Kolleginnen und Kollegen einen sehr großen Aufwand betrieben haben, um ihre Unterrichtsstunden vorzubereiten. Mit verschiedensten Methoden gingen sie zu Werke, der Ertrag ließ aber zu wünschen übrig, das teilten sie mir in Gesprächen mit. Man kann auch von Burnout gepackt werden, wenn Erfolgserlebnisse im Beruf ausbleiben.

Obwohl angenehme Rahmenbedingungen im Schwarzwald herrschten und eine sehr reizvolle Landschaft vorhanden war, wollte ich lieber in der Umgebung von Karlsruhe unterrichten, dort war mein Freundeskreis zuhause und mein leidenschaftliches Hobby, der Fußballsport, zog mich magisch zurück. Die Realschule Baiersbronn blieb nur eine kurze Episode. Seinerzeit ist mein Club in die 1. Amateurliga – die damals dritthöchste Liga Deutschlands – aufgestiegen. In einem Freundschaftsspiel war 1973 einmal sogar Nationalspieler Jupp Heynckes mein Gegenspieler, der mit Mönchengladbach bei uns gastierte. Ein herrliches Erlebnis für mich. Es war jener Spieler, der jetzt mit 72 Jahren als Trainer nochmals bei Bayern München die „Kohlen aus dem Feuer" holen soll. Man sieht an seinem Beispiel, dass man auch im Alter noch gefragt ist, wenn man Erfolge aufweisen kann. Ich wollte jedenfalls wieder in meinen Heimatort zurück, trotz der Baiersbronner Reize.

## 3) Angekommen

1975 war ich sehr froh, als mir das Oberschulamt mitteilte, dass ich an die Realschule in Linkenheim im nördlichen Landkreis von Karlsruhe versetzt werde. Ein Katzensprung von Friedrichstal entfernt, dem Dorf, in dem ich aufgewachsen bin.

Ich stand morgens nie im Stau, bin meist mit guter Laune um 7.40 Uhr im Klassenzimmer erschienen. Es soll ja viele Arbeitnehmer geben, die deutschlandweit durch nervende Staus erste Burnout-Anzeichen verspüren.

38 Jahre lang war ich Lehrer an dieser Schule, eine Zeit, die mich so sehr geprägt hat, dass ich selbst jetzt noch im Ruhestand mit einem „Heimwehgefühl" zurückdenke!

Der moderne Schulhaus-Komplex war gerade fertiggestellt worden, in einer meiner ersten Amtshandlungen war ich sogleich Mitorganisator bei der Einweihung der neuen Großsporthalle. Der Schulleiter traute mir zu, eine 9. Realschulklasse als verantwortlicher Klassenlehrer zu übernehmen. Er hat mir alle Freiheiten gelassen so zu unterrichten, wie ich mir das vorstellte, ohne mich verbiegen zu müssen, und ist mein väterlicher Freund und Mentor geworden. Ein volles Deputat und die Klassenlehrerfunktion wurden für mich im Laufe der Jahre selbstverständlich.

Das Klassenzimmer 1-62 war nach einigen Jahren mein „zweites Wohnzimmer", denn hier durfte ich oft 10. Klassen, unsere Abschlussschüler, auf die Prüfung vorbereiten. Ich war sehr gern in 10. Klassen, das war meine Welt! Es war schön und zugleich herausfordernd, die Jugendlichen kurz vor ihrer Volljährigkeit unterrichten zu dürfen.

Deutsch, Geschichte, Gemeinschaftskunde, Religionslehre und Sport waren fast durchgängig meine Fächer. Auch Erdkunde – später einbezogen in den „Fächerverbund" EWG: Erdkunde, Wirtschaftskunde, Gemeinschaftskunde – „durfte" ich unterrichten. In manchen Schuljahren kamen noch die Fächer Natur und Technik, anfangs noch Werken genannt, Biologie und ein Jahr auch das Fach Musik hinzu.

Beispiel Biologie, für mich fachfremder Unterricht: „Sexualkunde" in Klasse 6. Wie sag ich's meinem Kinde? Im Elternabend zeigte ich den aufgeschlossenen Erziehungsberechtigten das Bio-Buch und fragte sie, ob ich diese Art von „Aufklärung" so unterrichten könnte. Die Anwesenden gaben mir freudig „grünes Licht". Ich sehe heute noch ihre erleichterten Blicke und Gesichtszüge.

Man arbeitete sich ein, die Horizonterweiterung war gut für mich. Im Laufe der ersten fünf Schuljahre begriff ich, dass man als Lehrer nur Erfolg hat, wenn der „Funke überspringt". Ich habe versucht, meinen Schülern klarzumachen, dass im Leben außerhalb der Schule der „Bär tobt" und wir nicht faul im Klassenzimmer herumsitzen dürfen und schon gar nicht die vorhandene Energie in Unterrichtsstörungen ausleben sollten!

Im Geschichtsunterricht versuchte ich zu Beginn, mich akribisch genau an das Buch zu halten und Kapitel für Kapitel lesen und besprechen zu lassen. Die Klasse machte zwar mit, aber sinnvoll war das nicht. Narrative Elemente, meine Erzählungen, brachten schon eher Erfolg: wie ich mit meinem Vater, der bei der Hitler-Jugend war, stundenlang über den Wahnsinn des „Dritten Reiches" diskutiert habe. Plötzlich wurde der Geschichtsstoff interessanter, vor allem für die Jungen, und als ich dann in späteren Jahren fast alles aus dem Geschichtsunterricht mit der heutigen Realität verglichen habe, war der Knoten in diesem Fach geplatzt und selbst vorher Uninteressierte spitzten die Ohren. Einige Mädchen zeigten in unserer „Oberstufe" kein großes Interesse am Thema Nationalsozialismus. Als ich gewisse Bereiche in den Vordergrund rückte, sah es schon wesentlich besser aus: BDM, Kraft durch Freude, Frauen als „Gebärmaschinen" Hitlers, um Soldaten in die Welt zu setzen, Sieg-Heil-Rufe auch von Frauen, junge Rot-Kreuz-Frauen, die sich aufopferten. Erzählungen meiner Mutter konnte ich auch einbringen, dass sie in einer Munitionsfabrik arbeitete und nachts bei Nürnberg den Himmel mit einem Riesenstrahler ableuchten musste, damit die zurückgebliebenen alten Soldaten, der Volkssturm, feindliche Flieger treffen konnten. Und natürlich durften die Leistungen der tapferen legendären Trümmerfrauen nach Kriegsende im Unterricht nicht zu kurz kommen.

Fachliche Kompetenzen sollten wir laut Lehrplan mit den jungen Menschen erarbeiten. Mir persönlich waren die sozialen Kompetenzen mindestens genau so wichtig, denn ohne diese wird jeder Unterricht zur Farce!

Ich habe gespürt, dass man an die Herzen der Kinder herankommen muss, um überhaupt Erziehungsarbeit leisten zu können. Gelingt dies Schritt für Schritt, wird der Unterrichtsstoff immer leichter und unbeschwerter.

In meinen letzten 10 Schuljahren hatte ich die meiste Freude, nicht in Konferenzen, sondern in den Klassenzimmern. Irgendwie wurde ich lockerer im Umgang mit den Schülern und habe die „Kids" häufiger gefragt, ob ich ein Grammatikproblem oder die Aufsatzvorbereitung nochmals erklären soll. „Habt ihr ernsthafte Verständnisschwierigkeiten?", war immer wieder meine Frage an die Klassen! Der „Verwaltungskram" und manches, das man uns Lehrern überstülpte, z. B. ein krasser Evaluationsdruck, belasteten mich allerdings. Wären doch die

Schulräte öfters im Unterricht erschienen, ich hätte nichts dagegen gehabt, man hätte sich aus meiner Sicht dann viele Evaluationskonferenzen ersparen können.

Der Anteil „echter" Hauptschüler wurde an unserer Realschule Jahr für Jahr höher. „Schleppe ich die jungen Leute mit oder prüfe ich sie raus?" Viele Lehrkräfte an unserer Schule haben sich für Ersteres entschieden. Ich denke, das hat unseren guten Ruf mit gefördert. Als gewissen Ausgleich hatten wir aber auch Schüler, die schon ab Klasse 5 das Gymnasium geschafft hätten. Diese waren immer eine wichtige Bereicherung meines Unterrichts, auch für die Schwächeren!

Wie bei Günther Jauch durften die Jungen und Mädchen manchmal mein aktuelles Wissen in Fragerunden testen, was im Fach Gemeinschaftskunde, Geschichte oder Deutsch gut ankam. Ich habe meine Schüler darauf hingewiesen, dass selbst der beste Lehrer, Professor oder Wissenschaftler nicht alles wissen kann, dass man aber Zusammenhänge erkennen und gemeinsam erarbeiten sollte, sowie Gründe und Ursachen für wichtige Entwicklungen kennenlernen muss, um mitreden zu können.

Man kann als Pädagoge viel dafür tun, die Heranwachsenden auf die Realität vorzubereiten und sie stark zu machen, damit sie nicht auf gerissene Verführer, Blender, Radikalinskis, Drogendealer, Rattenfänger, Hassprediger oder die aggressive Werbung hereinfallen. Vor allem über Suchtgefahren haben wir im Unterricht oft gesprochen. Du musst wirklich eine starke Persönlichkeit sein, um nicht selbst irgendeiner Sucht zu verfallen.

Vieles kann nur bruchstückhaft gelingen, aber schon eine gewisse Sensibilisierung für soziale Themen habe ich als hilfreich für das spätere Leben der mir Anvertrauten angesehen.

Jedes Kind verfügt über einen gewissen Erfahrungsschatz und ist in der Lage, diesen auszubauen. Man muss allerdings nicht jeden Tag das Rad neu erfinden und kann als junger Mensch von der Erfahrung und der Ausbildung eines Pädagogen profitieren.

Mehr Pädagogen, weniger Demagogen braucht die Welt. Das geht mir in letzter Zeit oft durch den Kopf.

Ich darf behaupten, nie Noten verschenkt zu haben. Es bringt auch nichts, den Kindern oder Jugendlichen „Honig ums Maul" zu schmieren, um sich einzuschleimen. Sich anzubiedern oder „auf Kumpel zu machen", ist ebenfalls nicht zu empfehlen, ansonsten drohen „Eigentore", Unruhe und Chaos. Es besteht die Gefahr, nicht mehr ernst genommen zu werden.

Fordern, Fördern, pädagogisches Führen und vor allen Dingen Fairplay. Damit habe ich sehr gute Erfahrungen gemacht und möchte das in meinem Buch fast mit jeder Zeile begründen! Freude statt Burnout war letztendlich meine Belohnung in vielen Situationen und am Ende meiner Lehrerzeit.

Ich glaube, man wird als Lehrkraft am Ende des Schuljahres und sicherlich auch bei der Verabschiedung aus dem Schuldienst daran gemessen, was man in seinen Lehrerjahren zu leisten imstande war und ob man auf dem sozialen Sektor der Mitmenschlichkeit mehr als nur leere Worthülsen zu bieten hatte.

Es war immer sehr wichtig für mich, dass ich auch das Fach Sport unterrichten durfte, denn da konnte ich viele Jahre vorleben, dass jeder möglichst lebenslang Sport treiben sollte. Ein „sportlicher" Lehrer erlebt viel Zustimmung.

Schön war auch, dass mir meine Schüler in vielen Situationen ihr „Herz ausgeschüttet“ und mich ins Vertrauen gezogen haben, sogar in Aufsätzen der älteren Jahrgänge. Einige Volljährige waren auch bei uns auf der Realschule, „Flüchtlinge“ des Gymnasiums oder der Waldorfschule, ebenso viele Schüler aus anderen Bundesländern, deren Eltern im großen Forschungszentrum KIT Arbeit fanden. Manchen konnte ich helfen, wieder Mut zu fassen und das Ziel „Mittlere Reife“ zu erreichen. „Niemals aufgeben, Leute!“

Meine Wutausbrüche hielten sich in Grenzen. Manchmal habe ich mich über mich selbst geärgert, laut geworden zu sein, denn zum großen Teil waren das Situationen, die nichts mit meiner Person zu tun hatten, sondern mit anderen Kolleginnen und Kollegen oder das Pausenverhalten betrafen. Mein biblischer Trost: Hat nicht sogar Jesus im Tempel die Tische der Händler voller Wut umgeworfen? War er dabei leise?

„Wer schreit, hat Unrecht“, war von klugen Köpfen zu hören. Mag sein, aber nicht immer trifft das zu. Ein reinigendes Gewitter hat die eine oder andere Klasse tatsächlich auch mal gebraucht. Man darf nur nicht beleidigend werden, was bisweilen schwerfällt.

Meine „Wutreden“ waren nicht von Pappe, doch „Mutreden“ waren mir wichtiger! Ich erinnere mich auch noch gut daran, dass ich dem einen oder anderen Schüler das Wort entziehen musste, wenn er allzu aggressives oder menschenverachtendes dummes Zeug von sich gegeben hat. Das sprach sich wohl herum, denn die allermeisten Schülerbeiträge waren im Laufe meiner Lehrerzeit positiv und sogar optimistisch, wie es bei jungen Leuten auch sein soll.

Manchmal wurde mir gesagt: „Das wollen Sie gar nicht wissen.“ Gemeint war das Verhalten einiger außerhalb des Unterrichts, aber auch die Tatsache, dass sich manche Mädchen bereits in den achtziger Jahren darüber beklagten, sich abends in der Innenstadt von Karlsruhe nicht mehr sicher zu fühlen. „Geht nur in der Gruppe in die City", war der damalige Rat vieler Mitschüler und des Lehrers.

## 4) Ehrenrunde und Zugabe

Zwei Jahre nach meiner Pensionierung habe ich mich entschlossen, nochmals an eine Schule zurückzukehren. Irgendwie konnte ich noch nicht loslassen und hatte immer noch Lust und Motivation zu unterrichten.

An der Christlichen Schule Hardt – einer kleinen Privatschule – wirkt ein ehemaliger Schüler von mir im Management mit, den fragte ich, ob die Schule noch einen erfahrenen Lehrer brauchen könne.

Zuvor wäre ich auch zwei Jahre lang bereit gewesen, an meiner alten Realschule als Krankheitsvertreter einzuspringen, aber das Telefon blieb stumm.

Eigentlich wollte ich nochmals Deutsch und Geschichte unterrichten wie an der Realschule, aber man hatte an der Privatschule nur Bedarf im Fach Sport. Gut, dachte ich mir, auch Sport hast du ja jahrelang unterrichtet, mach's doch noch ein letztes Mal, trotz deines Alters.

Es begann gleich mit einer Premiere. Zum ersten Mal in meinem Leben lernte ich eine erste Klasse kennen. Liebe Leser, das war zunächst schwieriger als in meinen Zehnten! Wir mussten jedes Mal einen Kilometer durch die Ortschaft bis zur Sporthalle laufen, was sich als nicht unproblematisch herausstellte. Zunächst gingen einige Eltern mit, was überhaupt nicht hilfreich war. Trotz Begleitung durch einen Referendar ging ich später ab und zu rückwärts, um kein Kind aus den Augen zu verlieren.

Im Sportunterricht zog ich alle Register, um die Kleinen zu begeistern, und hatte selbst großen Spaß am Geschehen. Man fragte mich nach paar Wochen, ob ich nicht Klassenlehrer werden wolle, ein gutes Zeichen für mich. In der 2. Klasse durfte ich dann etwas erleben, was mir noch nie in dieser Form widerfahren war. Ein Schüler, der Sohn des Schulleiters, hatte mich derart ins Herz geschlossen, dass er den Sportunterricht kaum noch abwarten konnte. Er meinte, mein Unterricht sei so gut, das müsste in die Zeitung kommen. Er malte mir ein Bild nach dem anderen.

Auch in Klasse 5 und 6 hatte ich schöne Erlebnisse, allerdings auch eine grenzwertige Erfahrung. Ein einziger Schüler der 6. Klasse legte sich mit mir an, weil ich seine rüde Spielweise scharf kritisiert hatte. Er hätte eigentlich in Klasse 8 sein müssen, das wusste ich aber zu diesem Zeitpunkt noch nicht. Er zeigte mir hinter meinem Rücken den sogenannten „Stinkefinger“. Völliges Neuland für mich, und das auf meine alten Tage. Selbst schuld, könnte man sagen, geh doch in Urlaub und lass endlich das Unterrichten, „old man river“! Sein Verhalten wurde aber schlagartig besser, als ich ihn echt herausforderte und er seine Stärken im Fußball, Handball, Basketball, im Kastenspringen, Zirkeltraining, Weitsprung und Sprint zeigen konnte.

Recht schnell akzeptierte er, dass ich jedes seiner Fouls im Spiel sofort ahndete. Auch habe ich ihn sich einmal allein in einer gesonderten Kabine umziehen lassen, weil er Mitschüler in den Pausen mobbte. Als ich dann auf die Idee kam, ihn und seinen Freund im Fußball gegen den Rest der Klasse über das ganze Spielfeld agieren zu lassen – zwei gegen acht –, war der Bann gebrochen. Er ließ es sich nicht anmerken, dass er nach zehn Minuten fast ein Sauerstoffzelt gebraucht hätte. Mehrere

Male verschenkte er dann sogar den Ball an die wesentlich schwächeren Gegner und ließ sie ein Tor erzielen, das er eigentlich locker hätte verhindern können. Ein Anflug von Fairplay. Ich glaube, er hatte es kapiert, es geht nicht gegen diesen Lehrer, nur mit ihm. Ab jetzt lief der Sportunterricht gut und auch die anderen Mitschüler waren froh, dass sie sich bei mir richtig austoben durften, ohne von einem einzelnen „Bürschlein" genervt zu werden.

Im Umgang mit den Kleinen in Klasse 1 und 2 sind mir mehrere Kinder aufgefallen, die sich bei jeder Kleinigkeit beleidigt in eine Ecke der Halle verdrückt haben. Sofort bin ich auf die „beleidigte Leberwurst" zugegangen und habe nach dem Grund der „Traurigkeit" gefragt.

Nie habe ich zugelassen, dass diese Kleinen allein in der „Schmollecke" geblieben sind. Oft waren das Aktionen, um Aufmerksamkeit zu erzwingen, einmal kam ein Hilferuf: „Die beleidigen mich!" Ich habe sofort die Klasse zur Rede gestellt und gebeten, Beleidigungen zu unterlassen, denn die hätten bei uns nichts verloren. In weniger als drei Minuten waren wieder alle beim Sport dabei. Nach zwei Wochen gab es keine Schmollecke mehr, sondern gemeinsame Freude am Sportunterricht. Einige „Abholeltern" habe ich mehrmals in die Halle hereingebeten. Sie waren erfreut darüber. „Wann haben wir endlich wieder Sport?" Die Frage vieler Kinder habe ich gern gehört.

Zwei von einem Amt bestellte Lernbegleiterinnen schwieriger Schüler, die anfangs mit ihren „Schützlingen" in die Halle kamen und wohl befürchteten, dass sie ständig eingreifen müssten, sind nach kurzer Zeit nicht mehr in der Sporthalle erschienen, denn ihre „Sorgenkinder" fügten sich problemlos in den Unterricht ein.

Nach acht Monaten kam eine jüngere Sportlehrerin an die Schule, die mich ablöste. Ich war nicht böse darüber, denn mein linkes Knie machte mir zunehmend Kummer. Eine wirklich schöne Verabschiedung an der CSH werde ich in bester Erinnerung behalten. Seit dem 1. Mai 2016 bin ich nun endgültig im Ruhestand. Endgültig? Meine Nachfolgerin hat mich nach ein paar Monaten um ein Gespräch gebeten, ich solle ihr Tipps geben, wie man im Sportunterricht mit mehr Freude unterrichten könne. Die Kinder würden so oft nach mir fragen.

Kurz vor den Weihnachtsferien 2016 habe ich den Rektor und die Kinder in ihrem neuen renovierten Schulhaus besucht und mich sehr gefreut, dass mich einige ehemalige Schüler umarmt haben.

Der Konrektor meiner Stammschule hat mir vor Jahren übrigens abgeraten, ein Buch zu schreiben. Er hat es sicher gut gemeint und vorgeschlagen, stattdessen lieber spazieren zu gehen. Vielleicht hat er recht gehabt, man gilt heutzutage schnell als „Besserwisser". Allerdings ist es nicht zu übersehen, dass sich leider psychische Probleme und Burnout wie schon erwähnt in vielen Berufen, nicht nur bei Lehrkräften, ausbreiten. Ich will meinen Weg aufzeigen, der ohne Burnout-Symptome verlief. Ohne „Kratzer" ging es natürlich nicht ab.

Völlig stressfrei kommt kein Erzieher der Welt durch den pädagogischen „Dschungel", vor allem, weil man eingebettet ist in so manche kontraproduktiven „Störpotenziale" und meine Impulsivität konnte ich nicht immer unterdrücken.

## 5) Fairplay

Ich glaube, Deutschland hat eines der fairsten Grundgesetze der Welt. Aus den bitteren Erfahrungen des Nazi-Regimes und des 2. Weltkriegs haben die „Grundgesetzväter“ gelernt. Seit über 70 Jahren herrscht nun Friede in unserer Region und in weiten Teilen Europas. Zunehmender Wohlstand ist eine „Belohnung“ für diese sozialliberale Verfassung. Unsere recht stabile Demokratie hält sich an Fairplay, obwohl der Missbrauch nicht ausgeblieben ist. Es zeugt von Größe, wenn man an den Spielregeln des Fairplay festhält: für wirklich Benachteiligte und die vielen echten Verfolgten und Flüchtlinge.

Andererseits hat der Wohlstand leider auch Schattenseiten. „Geld verdirbt den Charakter.“ Stimmt das wirklich? Macht sich tatsächlich eine „Doppelmoral“ in unserer Gesellschaft breit? Unsere Autoindustrie geht zurzeit nicht gerade mit gutem Beispiel voran. Bei den Fußballprofis läuft finanziell alles aus dem Ruder. Ich muss lachen, wenn ich bei Ablösesummen von über 200 Millionen Euro für einen Kicker etwas von „Financial Fairplay“ lese. Tricksen, täuschen, verschleiern, betrügen: alles all inclusive. Nicht nur der Präsident von Bayern München fragt sich: Wie lange werden das die Fans noch mitmachen? Aber Millionen und Milliarden an Fernsehgeldern sprudeln weiter. Ist dieser Wahnsinn noch zu stoppen? Ich habe lange Jahre Fußball gespielt, kenne mich auch in Ehrenämtern der Amateurvereine aus und habe beschlossen, kein Bezahlfernsehen für diese Sportart zu abonnieren und Fußballspiele nur im Free-TV anzusehen. Bei Spielen meines eigenen Vereins in der Verbandsliga Baden bin ich dafür live dabei.

Wird man als „Moralapostel“ belächelt, wenn man für Fairness, Transparenz und Ehrlichkeit einsteht und das ein Leben lang durchhalten will? Diese Fragen stelle ich mir mit zunehmendem Alter.

Oft kommt es mir so vor, als ob manche politischen Parteien oder Regierungschefs Fairplay nicht wirklich auf ihrer Agenda haben.

Im Beruf, in der Freizeit und im schulischen Bereich ist Fairness nicht selbstverständlich. John Lennon: „You may say, I'm a dreamer ..." Ist man ein Träumer, wenn man Fairplay in den Lebensmittelpunkt stellt? Ich sage nein, obwohl ich mich dafür schon rechtfertigen musste. Sind manche erwachsenen Menschen wirklich so misstrauisch, dass sie mir meine lebenslange Fairplay-Einstellung nicht glauben? Es sieht so aus. Es gibt Leute, die von anderen faires Verhalten erwarten, sich selbst aber nicht daran halten, selbst ein US-Präsident 2017.

Fairplay war für mich in der Erziehung und in meinem Unterricht enorm wichtig und ist es heute noch im Ruhestandsalltag! Fairness würde ich aus meiner heutigen Alterssicht sogar als Eckpfeiler unserer Demokratie bezeichnen.

Viele meiner Schüler kannten weder dieses Wort noch seine Bedeutung. Das habe ich geändert und sehr oft faires Verhalten thematisiert.

Meine Schüler haben es mir mit der Zeit abgenommen, dass Fairness mein oberstes Gebot war. Wenn ich sie einige Zeit unterrichtet hatte, konnte ich feststellen, dass sie sich mir gegenüber immer fairer verhielten. Das habe ich mir in Konferenzen oder Diskussionen, auch bei schwierigen „Fällen", nie zerreden und in Frage stellen lassen. Man kann meines Erachtens nicht über Jahrzehnte hinweg Fairness heucheln. Ich meine, das Gewissen und die Freude am Beruf würden dann auf der Strecke bleiben.

Als Pädagoge und auch in meiner aktiven Fußballzeit habe ich es körperlich und mental gespürt, dass es von fundamentaler Bedeutung ist, fair zu sein. „Behandle andere so, wie du von ihnen behandelt werden willst." Kants kategorischer Imperativ.

Faire Sportler, die auch mit Anstand verlieren können, waren mir schon immer sympathisch. Fairplay verhindert „Auswüchse“, Aggressionen, den irrsinnigen Teufelskreis der Revanche.

Faire Kinder wachsen nicht auf den Bäumen, aber man kann als Erwachsener einiges dafür tun, dass sie nicht nur den Begriff kennenlernen, sondern ihn auch selbst mit Leben erfüllen! Fairplay ist meines Erachtens angewandte Gerechtigkeit, vielleicht sogar gelebte Demokratie. Liebe Leser, kann man das auch aus Ihrer Erfahrung so formulieren oder greife ich zu „hoch“ damit?

In jedem Fall machte es mir viel Freude, wenn ich beobachten konnte, dass fair agiert wurde, bei Vorträgen im Deutschunterricht, beim Sport, bei tausend Anlässen im Unterricht und außerhalb.

Es war für mich in dieser Hinsicht auch lehrreich, dass ich eine Zeit lang an der Abendrealschule Deutsch unterrichtet habe und an der Volkshochschule Rhetorik-Kurse für Erwachsene gab, denn Fairplay ist bei allen Altersgruppen wichtig. Es fällt nicht immer leicht, zu denjenigen Erwachsenen fair zu sein, die meinten, es geht so nebenbei, die „Mittlere Reife“ abends nachzuholen. Meine „heißen“ Deutschstunden an Freitagen zwischen 20 und 22 Uhr sind mir noch in lebhafter Erinnerung.

Was heißt Fairplay in der Erziehung? Zunächst einmal: Fehler nicht zu hart bestrafen. Niemand will gleich bei jedem kleinen Regelübertritt im Straßenverkehr den Führerschein abgeben.

Allerdings muss man Fairplay natürlich auch dem Geschädigten oder Betroffenen gegenüber berücksichtigen. Eine Gruppe wird es nicht einsehen, wenn ein „Schlitzohr“ oder „Täter“ völlig ungestraft davonkommt. Im Sport ist es bereits für leistungsstarke Jungs eine harte, aber faire Strafe, wenn sie zwei Mal bei ihrem Lieblingsspiel nicht mitmachen dürfen. „Hart aber fair“ heißt eine recht erfolgreiche Sendung in der ARD. Ich denke, die Zuschauerresonanz ist positiv, wenn hart, aber fair argumentiert wird.

Meinen Schülern war es immer wichtig, wenn sie die Klassenarbeiten rasch zurückbekommen haben. Man erwartet faire, vor allem transparente Noten und es wäre unfair, die Schüler zu lange darauf warten zu lassen. Selbstdisziplin der Lehrkraft ist immer wieder gefragt. Ich kann von Kindern nicht erwarten, dass sie sich anstrengen, wenn ich als Lehrer nicht auch dazu bereit bin. Die Arbeiten und das Engagement der Schüler, beispielsweise in vierstündigen Schüleraufsätzen, fair zu benoten, ist eine Herausforderung. Nicht immer geht es mit einer vorgegebenen Notenskala wie in der Mathematik oder in der Leichtathletik. Oft ist eine „Gesamteinschätzung" des Heranwachsenden notwendig oder es gilt beispielsweise die mündliche Mitarbeit in Fächern gewissenhaft und gleichzeitig fair zu dokumentieren. Pädagogisches Glatteis? Kann man sich in dieser Hinsicht nicht auf den Lehrer verlassen, wie kann ich dann vom Kind verlangen, dass es sich Mühe gibt und dazu noch fair handelt?

Eine gute Unterrichtsvorbereitung hat auch etwas mit Fairness gegenüber der Klasse zu tun, genauso wie es fair und wichtig ist, Schwächere vor schwierigen „Rädelsführern" in Schutz zu nehmen. Man sollte pünktlich den Unterricht beginnen und auch nicht ständig überziehen.

All dies ist eigentlich völlig selbstverständliches Verhalten – Fairplay eben.

Der tägliche Kampf gegen das Mobbing erfordert Mut vom Pädagogen. Hinsehen, nicht wegsehen!

Es ist unfair den „Opfern" gegenüber, wenn man wegschaut. Ich habe manchem ach so coolen „Mobbing-Spezialisten" recht deutlich gesagt: „Wer andere mobbt, ist für mich ein absoluter Loser, er ist nicht cool!"

Jeder weiß inzwischen, dass viel zu viele in unseren „modernen Zeiten" die Anonymität des Internets nutzen, um andere anzugreifen oder lächerlich zu machen.

Sich als Lehrer nicht ständig reinreden und ablenken zu lassen, ist fair gegenüber der großen Mehrheit der Schüler, die lernen möchten. Niemand will durch eine kleine Minderheit oder durch allzu verwöhnte Einzelkinder ständig gestört oder sogar „terrorisiert" werden.

Fairness und Klarheit werden von Kindern sehr geschätzt. Eltern sollten sich selbst überprüfen, ob sie in dieser Hinsicht Vorbild sind. Wenn junge Menschen fair behandelt werden, ist es nach meiner Erfahrung sehr wahrscheinlich, dass sie selbst fair agieren, auch wenn das eine Weile dauert. Gibt es etwas Schöneres? Ich habe jeden einzelnen Einsichtigen erfreut registriert.

Weil beide Elternteile heute arbeiten müssen, um in Deutschland leben zu können, wird der „Erziehungsanteil" der Lehrkräfte an unseren Schulen immer größer, das muss man fairerweise sagen, wenn man uns Lehrer beurteilen will.

Ich hatte auch genügend Schüler, die mussten nicht mehr erzogen werden, weil sie sich fair und zum Teil fantastisch benahmen. Ein vorbildlicher Schüler – heute Polizist – hat beim Handballspiel oft Schwächere angespielt, obwohl er selbst so gut war, dass er Tore am Fließband hätte werfen können. Ich habe ihn vor der Klasse als leuchtendes Vorbild gelobt und sein Fairplay gewürdigt. Es gab viele Schüler, die liebenswürdig und äußerst hilfreich waren. Ich war dankbar um jedes sozial denkende und handelnde Kind, sonst hätte man sich um „die Anderen" gar nicht kümmern können! Viele hielten mir geradezu den Rücken frei für die Problemfälle. Eine Realschule nimmt gegenüber dem Gymnasium einiges an Stress und Druck weg, daher habe ich wirklich viele „vernünftige“ und faire Schüler kennengelernt.

In meiner eigenen Gymnasialzeit habe ich viel Notendruck aushalten müssen. Deshalb habe ich als Lehrer immer versucht, möglichst ohne diesen Druck zu unterrichten und die Freude am Lernen in den Vordergrund zu stellen. Faire Noten sind das A und O in der Schule. *In dubio pro reo*, trotzdem hatte ich nichts zu „verschenken“!

Fairplay im Fachunterricht? Im Deutschunterricht war es für mich von Bedeutung, Aufsatzthemen der Aktualität oder Realität anzupassen, keine verstaubte Thematik zu wählen, die ich selbst als Schüler nicht leiden konnte.

Diktate kann und muss man der Altersgruppe gemäß auswählen, um nicht zu sehr zu überfordern.

Mit der Zeit wurde die Bedeutung der Diktate auch im Lehrplan reduziert. 1975 musste man im Deutschunterricht noch sechs Aufsätze und vier Diktate schreiben. Irgendwann in den Achtzigern waren es nur noch vier Aufsätze und zwei Diktate pro Jahr. Schließlich wurden die Rechtschreibhilfen in Computern immer besser. Viele, die mit „Bauchschmerzen“ dem Diktat fernblieben, konnten durch die reduzierte Anzahl wieder angstfreier den Unterricht besuchen. Man braucht sich allerdings als Lehrer auch nicht zu entschuldigen, überhaupt noch Diktate zu schreiben.

In meiner Erinnerung hat sich eingehämmert, dass vor allem bei vielen jungen „Männern“ eine ungelöste große Problematik bei der Rechtschreibung existierte.

Viele Mädchen haben eher mal ein Buch gelesen und sind meist im Aufsatz und im Diktat besser. Meinen Jungs habe ich empfohlen, regelmäßig Zeitung zu lesen, beginnend – wenn sie wollen – mit dem Sportteil! So kam ich selbst mit etwa 10 Jahren zum Zeitunglesen und mit der Zeit interessierten mich auch Artikel, die sich mit dem Tagesgeschehen, der Politik oder Kultur beschäftigten. Ich denke, dass ich als Kind mit dem Lesen der Zeitung meinen Horizont regelmäßig erweitert und gleichzeitig viel für meine Rechtschreibkenntnisse getan habe. Diktate habe ich als Schüler ohne „Bauchweh“ geschrieben.

Wie ein roter Faden durchzieht Fairplay viele Artikel in einer seriösen Zeitung, es muss ja nicht unbedingt die Boulevardpresse sein! Vor kurzem habe ich einen interessanten Artikel über den Ex-Chef des VW-Konzerns gelesen, der angeblich nichts wusste von der Betrugssoftware und den Abgasmanipulationen in VW-Dieselfahrzeugen in den USA. Im Gemeinschaftskunde-Unterricht habe ich solche und ähnliche brisante aktuelle Themen immer wieder behandelt. Ich habe meinen Schülern mit Vehemenz klargemacht, dass Betrügereien großen Schaden anrichten können und Arbeitsplätze gefährden. Ein Schüler hat es mal drastisch in badischer Mundart auf den Punkt gebracht: „B’schiss kommt uff de Disch!“

In meiner abonnierten Zeitung freue ich mich seit einiger Zeit über eine gut gemachte Kinderseite, in der Alltagsprobleme wunderbar kindgerecht zusammengefasst und toll erklärt werden, auch für Erwachsene. Ein pädagogisch wertvoller Ansatz, der mit dem „Witz des Tages“ noch humorvoll garniert wird.

Allen rechtschreibschwachen und gesellschaftlich uninteressierten jungen Menschen ist die Lektüre einer seriösen Zeitung, meinetwegen auch online, zu empfehlen.

Im Lehrplan der Realschule war für mich eine Thematik immer besonders wichtig: die „Säulen“ eines demokratischen Staatswesens – die sogenannte Gewaltenteilung. Die Legislative, die Judikative, die Exekutive und die nicht zu unterschätzende

„Vierte Gewalt", die Medien, allen voran die freie Presse. Hitler hat – das habe ich im Geschichtsunterricht klar hervorgehoben – sofort nach seinem Amtsantritt die freie Presse eliminiert, „gleichgeschaltet", wie er es nannte. Jeder kennt im Jahr 2017 „Staatsoberhäupter", die große Probleme mit Fairplay und besonders mit der freien Presse haben. Es ist für Schüler und Erwachsene nicht schwer zu erraten, weshalb.

Ich werde fuchsteufelswild, wenn ein Regierungschef eines Nato-Mitgliedslands Deutschland in den Schmutz zieht und unserer Regierung Nazi-Methoden vorwirft. Völlig daneben und äußerst unfair! Despoten bringen nur Unheil über Europa und die Welt. Manche Zeitgenossen genießen leider auch die Vorzüge einer freiheitlichen Demokratie und wählen dann in ihrer „Heimat" Volksverführer.

Wo bleibt die Fairness, wenn chinesische Staatsunternehmen unverhohlen deutsche Firmen aufkaufen, aber in China alles getan wird, um dies im umgekehrten Sinn zu verhindern. Ist es fair, wenn Christen in vielen muslimischen Ländern massiv daran gehindert werden, Kirchen zu bauen, bei uns hingegen sogar Hassprediger in Moscheen ihr Unwesen treiben?

Mit meinen Schülern habe ich im Gemeinschaftskundeunterricht über solche Themen gesprochen und vor allem über das hohe Gut der Pressefreiheit für eine demokratische Gesellschaft. Diskutiert haben wir auch über die Boulevardpresse, die nicht immer sauber und fair trennt zwischen facts and opinions. Außerdem haben wir erörtert, was eine seriöse Zeitung ausmacht, auf jeden Fall keine Fake-News ... Fairplay ist für manche Leute ein Wort, das in ihrem Leben keine Rolle spielt. Fairness stört wohl sehr beim Geldverdienen im größeren Stil, bei eigenen egoistischen Zielen, bei Versuchen, andere in den Schatten zu stellen. Traurig, doch kein Grund zum Resignieren! Als pädagogisch Verantwortlicher kann ich jedenfalls unfaires Verhalten nicht gutheißen oder noch dazu anstacheln und sollte den Kids im Unterricht die Konsequenzen vor Augen führen: Das Vertrauen „geht vor die Hunde“!

Auch im Zeitalter der Computer, Smartphones und der „Sozialplattformen“ sollten Kinder und Jugendliche sich nicht mit verstümmelten und aus dem Zusammenhang gerissenen „News“ zufriedengeben.

Mein Enkelkind hat in seinem Stundenplan in Klasse 5 des Gymnasiums das Fach „Medien“. Es ist offensichtlich, dass Medienerziehung im Fächerkanon aller Bildungseinrichtungen in unserem Land und weltweit jetzt und in Zukunft einen wichtigen Beitrag zur Allgemeinbildung sowie gleichzeitig auch zur Erziehung leisten muss!

Wer den Fairplay-Gedanken in unserer Gesellschaft ernst nimmt, taugt meines Erachtens zum Vorbild. Egoismus ist allerdings ein starker Gegner, selbst wenn man als Lehrer alles versucht, Jugendliche davon abzuhalten, immer nur den eigenen Vorteil zu sehen. Nur ein frommer Wunsch?

Viele Betrügereien werden heutzutage von den Medien aufgedeckt. Lernen wir daraus? Ich hoffe es.

Ich finde es als Deutschlehrer bedauerlich, dass beispielsweise in jugendlichen Mails, bei WhatsApp oder einer SMS die Regeln der deutschen Rechtschreibung außer Kraft gesetzt werden.

Wenn man sich als junger Mensch bemüht, ein gutes bis sehr gutes Niveau im sinnerfassenden Lesen sowie in Sprache und Schrift zu erreichen, öffnen sich Türen und Chancen. „Verkaufe dich nie unter Niveau, sei fair zu dir selbst“, müsste man manchen jungen Leuten zurufen.

Alles kann gut werden und Spaß machen, sogar die schwierige Rechtschreibung und die Allgemeinbildung, ein Basiswissen zum späteren Weiterlernen. Auch Professorinnen und Professoren lernen jeden Tag noch etwas hinzu.

Manche hassen die Schule und es soll nicht nur Genies gegeben haben, die mit der Schule nicht zurechtkamen. Das mag tausend Gründe haben, die Grundfrage für mich ist jedoch, ob man Schüler zu sehr „einengt" oder gar „unterdrückt" und es so weit kommen kann, dass einige im tiefsten Innern die Schule als eine Art „Gefängnis" ansehen. Wenn man sich als Lehrer ein Grundvertrauen erkämpft hat, öffnen sich mit Fairplay die Herzen der Heranwachsenden. Dann können schon die Körpersprache und die humorvolle Begrüßung Optimismus und Freude ins Klassenzimmer bringen. Ein gutes Leistungsniveau ist anschließend leichter und freudvoller zu erreichen.

Den Fairness-Gedanken im Sinne von Gerechtigkeit fanden wir im Unterricht auch in zahlreichen anspruchsvollen Gedichten und Werken der Klassik bis hin zur „Moderne". Lyrik und Prosa boten uns zahlreiche Chancen, die Lebenswirklichkeit der Schüler einzubeziehen und zu diskutieren, wo es im Leben ungerecht zugeht!

Eine dichte Sprache, eine anspruchsvolle zu entschlüsselnde Lyrik oder Prosa kann erzieherisch sehr hilfreich sein!

Goethe, Schiller, die Klassik, ein dankbares Thema für den Unterricht und auch für Fairplay. Hat Goethe uns heute noch etwas zu sagen, außer seinen Affären mit dem weiblichen Geschlecht? War Schiller ein weltfremder Idealist? Sind die Werke dieser Klassiker zeitlos?

Als ich den „Wilhelm Tell" mit meinen Neuntklässlern gelesen habe, wurde ich schräg von Deutschkollegen angeschaut. Mir hat es Spaß gemacht und den Schülern nach einer gewissen

Eingewöhnungsphase auch. Klar: Schiller hat die Eidgenossenschaft überhöht und idealisiert, dennoch steckt in diesem Werk viel Positives und Zeitloses, zum Beispiel einige coole Lebensweisheiten. „Allzu straff gespannt zerspringt der Bogen." Heutzutage ist manches „überspannt". „Es kann der Frömmste nicht in Frieden leben, wenn es dem bösen Nachbarn nicht gefällt." Unsere Grundstücke werden immer teurer und kleiner, die Nachbarschaft schwieriger.

„Der kluge Mann baut vor." Sicher auch die kluge Frau. „Wer gar zu viel bedenkt, wird wenig leisten." Man sollte nicht alles endlos zerreden wie in mancher Konferenz oder im Bundestag. „Das Alte stürzt, es ändert sich die Zeit und neues Leben blüht aus den Ruinen." Die deutsche Wiedervereinigung 1990 kam uns gerade recht zu diesem Schiller-Spruch. „Was Hände bauten, können Hände stürzen." Nicht nur Hände, auch mutige Menschen in der DDR haben die Mauer gestürzt. Spätestens beim „Baumarkt-Spruch" kamen von Schülern viele Beispiele: „Die Axt im Haus erspart den Zimmermann." Wir hatten viel Freude bei der Interpretation dieser Textstellen Schillers. Anschließend kann man mit einer Klasse in die Tiefe der Interpretation einsteigen, den Schwur der Eidgenossen verstehen, den Tyrannenmord nachvollziehen, den jahrhundertelangen Frieden in der Schweiz einschätzen, selbst die schwierigen Monologe im Stück erklären. Gemeinsam lernen und nicht stundenlang suchen lassen, dazu fällt bei manchen Klassen zu viel Unterricht aus und der Druck, Arbeiten vor dem nächsten Ferienabschnitt schreiben zu müssen, verhindert sowieso einiges: Klarheit und Konzentration auf das Wesentliche, das bleibend und nachhaltig im Schülerwissen sein soll, halte ich für wichtig und fair.

Ich habe auch anspruchsvolle Lektüren für meine Neunten und Zehnten ausgewählt, z. B. „Mutter Courage und ihre Kinder" von Bert Brecht, eine Chronik des Dreißigjährigen Kriegs. Die

Mutter verdient am Krieg, verliert aber durch ihn ihre drei Kinder. Brecht hat das Stück 1939 (!) geschrieben. War er Prophet?

„Die Weber“ von Gerhard Hauptmann. Soziales Drama, in dem ein Aufstand von verarmten um ihre Existenz kämpfenden Webern brutal von der „Staatsmacht“ niedergeschlagen wird. Hitler war der Meinung, so ein Mensch wie dieser Autor dürfte gar nicht „Hauptmann“ heißen und hat ihn auf die „Abschussliste“ gesetzt. Schwierig für Realschüler zu verstehen, aber machbar.

Krimis oder Fantasy-Lektüren waren allerdings beliebter.

Es ist phantastisch und machte großen Spaß, traditionelle Gedichte mit moderner Lyrik zu vergleichen. Feste Strukturen und Reime lösen sich in der „Moderne“ auf, öffnen sich dadurch mit Lockerheit und Kraft gleichzeitig, spielen mit der Sprachkompetenz des Lesers, fordern Einfühlungsvermögen, sind teilweise so komprimiert und klug, dass einem der Atem stockt, strotzen vor Lebenserfahrung. Die Interpretation moderner Gedichte ist schwierig für Schüler, aber dadurch umso reizvoller. Gedicht-Ausstellungen für Eltern und die interessierte Öffentlichkeit waren unsere Höhepunkte. Bei jedem Gedicht versuchten wir uns an einer Interpretation im Ausstellungs-Großformat, um den Besuchern zu zeigen, dass wir uns intensiv mit der anspruchsvollen Thematik auseinandergesetzt hatten. Ich bin im Laufe meiner Lehrerzeit immer mehr zu einem „Gedichtfan“ geworden. Die guten Deutschschüler haben hier besonders sinnvoll die Schwächeren beflügelt und teilweise zu bemerkenswerten Leistungen angeregt. Gerade bei solch anspruchsvoller Thematik ist dies in erfreulicher Weise der Fall gewesen.

In Klasse 9 und 10 habe ich im Deutschunterricht immer einen sogenannten Prüfungsordner anlegen lassen, der alle wichtigen Zusammenfassungen des Unterrichtsstoffs enthielt, welcher selbstständig ergänzt werden sollte und den Schülern das Rüstzeug in die Hand gab, schwierige Texte und Gedichte besser verstehen und erklären zu können und die abschließende Deutsch-Prüfung zu bestehen. Dazu kam immer eine Grammatik-Zusammenfassung. Eine Literatur-Epoche musste jeder selbstständig erarbeiten. Eine faire Prüfungsvorbereitung war möglich, denke ich! Ganz wenige „Einser", aber recht viele „Zweier" durfte ich im Fach Deutsch ins Endzeugnis eintragen. Die waren nicht verschenkt.

Ich erinnere mich, dass eine Schülerin – Tochter einer Kollegin – als Spezialgebiet für ihre mündliche Abschlussprüfung „Mittelhochdeutsch" gewählt hatte. Walther von der Vogelweide: „Deheinen rat kond ich gegeben, wie man zer werlte solte leben." Schon im Jahr 1198 fragte sich dieser Dichter, wie man in unserer Welt leben kann, wo doch Gewalt regiert, Untreue herrscht, Friede und Recht sehr verwundet sind. Vor 800 Jahren existierte nicht nur der Minnesang, sondern es gab ähnliche Probleme wie 2017.

Ein solch schwieriges Thema kann man nur in die mündliche Prüfung einbeziehen, wenn man im Unterricht viel Hilfestellung gegeben hat und die Schüler einiges über diesen berühmten Walther, einen durchaus politischen Dichter, wissen und die mittelhochdeutsche Sprache und Aussprache seiner Texte kennen. Da kamen mir Seminare an der Pädagogischen Hochschule zugute. „Prüflinge" dürfen keinesfalls überfordert sein, das wäre unfair!

Eine „Deutsch-Zwei" haben manche an unserer Schule für einen Preis angestrebt, die Note „Drei" brauchten einige in der Prüfung zum Ausgleich für eine „Mathe-Fünf". Auch so eine Konstellation kann den Ehrgeiz im Endspurt noch wecken. Es ist eine sehr faire Versetzungs- und Prüfungsordnung, wenn man gute

Noten als Ausgleich für schlechte erkämpfen und damit bestehen kann!

In diesem Zusammenhang möchte ich einen Zeitungsbericht erwähnen: Ein Schuldirektor in Serbien hat von seinem Lehrpersonal gefordert, bis zu 30 Prozent mehr Studenten in der Höheren Medizinschule durch die Prüfung fallen zu lassen, weil er dann erneut Prüfungsgebühren kassieren könne. Den Lehrern hat er Gehaltsabzug angedroht, wenn sie diese „Quote" nicht erreichen.

Da ist mir Fairplay lieber, es sollen möglichst alle bestehen, allerdings muss man sich als Schüler die Voraussetzungen zum Bestehen einer Prüfung hart erarbeiten und Lehrer müssen alles geben, damit Prüfungen gelingen können.

Fairness darf allerdings nicht in Beliebigkeit abgleiten. Manchmal geht es nicht ohne eine gewisse Härte und Beharrlichkeit in der Erziehung und im Unterricht. Einzelnen gegenüber, die zu viel fordern, ist es oft fairer, „Nein" zu sagen, als die schweigende Mehrheit der Klasse ins Chaos zu stürzen, wenn man allzu viel toleriert. Eine fair behandelte Klasse wird den Lehrer nicht so schnell reizen oder gar herausfordern. Selbstdisziplin der Lehrkraft, Gewissenhaftigkeit, Pünktlichkeit sind Tugenden, die sehr helfen.

Was braucht Fairplay? Ich denke Menschlichkeit, Herzenswärme, positives Denken, Humor und Vorbild, vielleicht auch Lebenserfahrung.

Präsident Obama hat am Ende seiner Amtszeit, zu Weihnachten 2016, zwei spektakuläre Zeichen gesetzt, die viel mit Fairplay, ja in diesem Fall mit Weltgerechtigkeit zu tun haben.

Er hat die amerikanischen arktischen Gebiete zur Tabuzone erklärt. Es sollen keine Ölbohrungen erlaubt werden, die diese noch halbwegs intakte Natur zerstören könnten. Ein richtiges Signal für den oftmals brutalen Kapitalismus, alle rücksichtslosen Geschäftemacher und sicher auch seinen umstrittenen Nachfolger. Wird dieser „zurückrudern"?

Und Obama hat das noch gesteigert, indem die USA erstmals seit 37 Jahren eine UN-Resolution nicht mit einem Veto verhindert haben. Israel soll laut UN den Siedlungsbau in den palästinensischen Gebieten endlich stoppen und den Friedensprozess in der für den Weltfrieden wichtigen Region wieder in Gang bringen.

Fairplay den Palästinensern gegenüber, die einen eigenen Staat fordern und keine jüdischen Siedlungen wollen, die dieses Ziel für immer verhindern. Natürlich sollten die Palästinenser im Gegenzug unverzüglich ihre Fairness der Weltöffentlichkeit beweisen, indem sie Israel ohne Vorbehalte völkerrechtlich anerkennen. Leider ist eine Vermittlerrolle Deutschlands durch unsere Nazi-Geschichte nahezu ein Tabu. Sehr bedauerlich, aber nachvollziehbar.

Obamas Nachfolger fordert von der ganzen Welt mehr Fairness gegenüber den USA. Ist er jedoch selbst bereit, den Fairplay-Gedanken anderen gegenüber anzuwenden? Kurz nach seiner Amtseinführung hat seine Sprecherin den Begriff alternative Fakten eingeführt. Gibt es jetzt plötzlich noch eine zweite Wahrheit, keine Lüge mehr? Das hätte ich mal meinen Schülern erzählen und erklären sollen!

Fairness ist im Grunde eine Lebensphilosophie, gerade und erst recht in einer harten Ellenbogengesellschaft. Fairness und Egoismus sind Gegner! Letzterer sollte nicht siegen, schon gar nicht in der Schule und der Erziehung. Es ist nicht einfach, sich als Lehrer jeden Tag zu bemühen, Fairplay zu „predigen" und vor allem auch vorzuleben! Wie bereits erwähnt, muss man sogar in Kauf nehmen, von ach so gescheiten Leuten, die alles besser wissen, als „weltfremd" belächelt zu werden, wenn man Fairness als eine lebensnotwendige Basis propagiert.

Ich habe meinen Kindern und Jugendlichen immer klarzumachen versucht, dass sich Fairplay langfristig gesehen auszahlt! Mächtige Großkonzerne wie VW und Bosch müssen harte Folgen, Konsequenzen, Milliarden an Strafgeldern und Kursverluste hinnehmen, weil sie die Gebote der Fairness – der Umwelt und dem Kunden gegenüber – nicht eingehalten haben. Sie gefährden das Ansehen eines exportabhängigen Landes. Ich nehme an, bald rollt auch bei uns die Klagewelle wegen der Ungleichbehandlung der Entschädigungen in Europa und den USA im Diesel-Abgasskandal. Oder ist alles nur halb so schlimm, weil jeder inzwischen annimmt, dass überall geschummelt und getrickst wird?

Deutschland stockte Ende 2016 der Atem wegen des grausamen LKW-Terrorakts am Berliner Weihnachtsmarkt mit Toten und Schwerverletzten. Ein solcher Terrorwahnsinn wirft viele Fragen auf. Soll man die Schüler nicht besser doch zu harten mitleidlosen Wesen erziehen, die egoistisch sind, alles Fremde hassen und sich brutal zur Wehr setzen?

Ich denke: auf keinen Fall! Die Terroristen wollen doch nur, dass wir den fairen Weg verlassen und ähnlich wie sie zu gnadenloser vernichtender Härte aufrufen und diese mitleidlos in die Tat umsetzen.

Ich meine, es gibt keine Alternative zu einer Erziehung, die liberale menschliche Wesen hervorbringt und nicht blutrünstige Monster wie in den Computerspielen oder grenzenlosen Hass in manchen Facebook-Kommentaren.

Selbst wenn alles in uns nach Vergeltung gegenüber Terroristen und deren Gesinnung schreit, dürfen wir nicht unsere demokratische, faire Linie verlassen.

Kann der Trend gestoppt werden, dass sich Wahlergebnisse in westlichen Demokratien negativ verändern, weil einige unser Asylrecht missbrauchen, das aus den Lehren der Nazi-Diktatur, den Massenvernichtungen und Hitlers Angriffskrieg entstanden ist? Was Nazis in Deutschland Schlimmes angerichtet haben, davon habe ich meinen Schülern in Geschichte viel beigebracht. Ich hoffe inständig, dass sie das bei ihren späteren Wahlentscheidungen berücksichtigen.

Man hört in jüngster Zeit, dass die „Gutmenschen" an vielem schuld sind.

Eigentlich möchte ich mich doch auch, als Befürworter des Fairplay-Gedankens, zu dieser Gruppe von Menschen zählen. Ich bin allerdings nicht mehr ganz so vertrauensselig wie als unerfahrener junger Mensch. Man wird skeptischer im Alter, wenn man erkennt, dass selbst Hilfesuchende ihre Helfer hinters Licht führen können oder Gauner ganze Bettelbanden auf die Straße schicken, um offensichtlich mit der Mitleidstour viel Geld einzunehmen, um dann die armen Teufel, die acht Stunden auf dem Asphalt gesessen waren, mit Almosen abzuspeisen. Diese Hintermänner und Schlepper haben nichts mit Menschlichkeit zu tun.

Fairplay wird im Alltag nur gelingen, wenn die Spielregeln von „allen Seiten" ernst genommen werden: von Lehrern und Schülern, Arbeitgebern und Arbeitnehmern, Aktionären und Fonds-Verwaltern, Bankmitarbeitern und Kunden, Autoherstellern und Käufern, vom Papst und von manchen erzkonservativen Bischöfen, von Eltern und Kindern ... Tja – auch der Käufer eines Neuwagens kann den Autohändler „verarschen" wollen mit den Daten seines Wagens, den er in Zahlung geben will und umgekehrt kann man beim Neuwagen auch Dinge verschweigen oder den Preis unfair ansetzen. Wer nicht verhandelt, ist selber schuld, heißt es. Ich gebe zu, ich bin nicht gut im Verhandeln, weil ich von Fairplay und einem fairen Preis ausgehe. Klar, die Konkurrenz schläft nicht und ganze Branchen stehen vor dem Ruin, weil man inzwischen vieles im Internet bestellt. Haben sich manche mit zu hohen und unfairen Preisen also doch ein Eigentor geschossen? Tausend weitere Beispiele im Zusammenhang mit Fairplay kennt der geneigte Leser bestimmt selbst.

Ein Problem habe ich im Zusammenhang mit Fairplay: Im Alter baut sich bei mir eine spürbare Aggression auf gegen Leute, die auf der Jagd nach Geld, Ansehen und Macht „über Leichen gehen", tricksen, lügen oder heftig kritisieren, ohne selbst etwas Gutes zu tun. Und ich frage mich häufiger: Wo ist bei „Fairplay-Ignoranten" die Grenze zwischen der sogenannten Cleverness und dem Betrug? Hat mir der Herrgott in meinem bisherigen Leben einen Filter eingebaut, der mich die Realität nicht klar erkennen ließ, und dieser Filter wird jetzt im Alter immer schwächer, parallel zum nachlassenden Augenlicht? Dennoch will ich nicht abweichen von meiner These: Fairness ist eine wichtige Sache im Leben und vor allem in der Pädagogik.

## 6) Pädagogisches Führen

Man sprach gegen Ende meiner aktiven Zeit vom Lehrer als „Lernbegleiter“ für die Schüler. Können Lernbegleiter auch erzieherisch wirken? Vielleicht. Ich hätte niemals nur Beobachter oder Randfigur sein wollen, sondern mit jeder Phase meines Herzens aktiver Mitgestalter. Ist das nicht eine Art Resignation, das Eingeständnis, nur noch Lernprozesse anzuregen und die Erziehung allein den Eltern oder gar dem Zufall und der „Straße“ zu überlassen?

Ein Lehrer sollte „führen“ können, menschlich führen, zur Fairness führen, zum Erfolg führen, zur Sozialisation beitragen.

Natürlich weiß ich, dass der Begriff „Führer“ seit Hitlers Wahnsinn komplett ruiniert ist! Dieser größenwahnsinnige Irre hat ein Volk verführt, in die falsche Richtung geführt, in den Untergang geführt. Er hat in seinem Größenwahn Hass, Gewalt und Mordlust geschürt und erzeugt. Es kam durch seine Führung und Verblendung zur weltweiten Katastrophe, dem 2. Weltkrieg mit über 50 Millionen Toten, zur deutschen Teilung und zum Verlust deutscher Gebiete. Hitler hatte mit Goebbels einen fast noch gerisseneren Verführer an seiner Seite, der seine sprachliche Kompetenz und Eloquenz in brutalster Weise dafür einsetzte, dem Volk eine glaubhafte, unfehlbare Führung vorzugaukeln. Dieser Adolf Hitler war kein Führer, sondern ein verdammter Verführer, Diktator und Schurke!

Über Hitlers Wahnsinn habe ich intensive Geschichtsstunden gehalten, bei denen ich mich teilweise „in Rage“ geredet habe. Ich glaube, den Schülern hat das gefallen, denn es kamen viele Fragen zu diesem „Tabu-Thema“ der deutschen Geschichte!

Am Schulsystem der Nazis kann man blendend erklären, dass Erziehung auch in die völlig falsche Richtung führen kann. Jeder galt als „Volksverräter“, der gegen Hitler und seine Dumpfbacken etwas gesagt hat. Es gab im „Dritten Reich" viele Lehrer, die überzeugt waren vom „größten Führer aller Zeiten" und das leider auch ihren Schülern vermittelt haben. Mein Vater war in der Hitlerjugend (HJ) und diese Verführung im „Tausendjährigen Reich" ist leider nicht spurlos an ihm vorübergegangen.

Auch die DDR mit ihrer „Diktatur des Proletariats" hat sich in Sachen Erziehung 40 Jahre lang nicht gerade mit Ruhm bekleckert.

Vor allem hat mich seinerzeit genervt, dass die Staatsführung der DDR die sogenannte Freie Deutsche Jugend (FDJ) vier Jahrzehnte zur Abschottung und zum Hass auf alles „Westliche" erzogen hat und viele Heranwachsende in Jugendgefängnisse warf, die nicht der Parteidoktrin folgen wollten! Ein ganzes Volk wurde eingesperrt.

Diktaturen haben schon immer schändlich versagt im Hinblick auf die Erziehungsarbeit. Die Jugend sollte für falsche menschenverachtende Ziele gewonnen werden, ein Verbrechen sondergleichen!

Winfried Kretschmann, Ministerpräsident, politisch und menschlich anerkannt und im März 2016 in Baden-Württemberg wiedergewählt, hat vor kurzem in einem Interview gesagt, dass Lehrer führen müssen, sie sollten eine Botschaft an die Kinder haben. Er sprach von Erziehung als Hebammenkunst, die nie indoktrinieren darf. Ich bin seiner Meinung, Lehrer sollen nicht nur, sie müssen „führen", denke ich.

Unser Landesvater war ja selbst Gymnasiallehrer für Biologie und Ethik. Er meinte vor kurzem, in der Politik gäbe es nicht viel zu lachen. Als Schüler war er in einem katholischen Internat und geriet auf der Suche nach Freiheit in – wie er es ausdrückte – kommunistische Sekten der Achtundsechziger. Heute sehen seine „Aufmärsche“ etwas anders aus: die Faschingsumzüge von Riedlingen. Kleine Freuden statt politischer Frust.

Kürzlich hat jemand in einem Gespräch festgestellt, dass man den „Botschafter“ lieben muss, wenn die „Botschaft“ ankommen soll. Frohe Botschaften kommen besser an als verzagte. Der Ex-OB von Ettlingen, Erwin Vetter, feierte unlängst seinen 80. Geburtstag. Man sagte ihm nach, er habe mit Leidenschaft geführt und dabei auf Menschen gehört.

Und wir Lehrer – wohin sollen wir führen?

Ich denke zu Toleranz, zur Offenheit und Vorurteilsfreiheit, zur Einsicht, ein Leben lang zu lernen, sicher auch zur Weitsicht, sich sportlich zu betätigen, um fit zu bleiben und dem Alltag gewachsen zu sein!

„Versucht durch eure Leistung zu überzeugen, die wird euch zum Ziel führen und seid tolerant und offen“, waren meine Worte.

„Hardliner“ in der Erziehung, dem politischen und religiösen Leben, die „Einhundertfünfprozentigen“, machen nach meiner Erfahrung alles kaputt.

Auch im Alltag.

Ich habe zu meinen Schülern gesagt, unsere Realschule soll euch zur Realität führen, in die reale Welt, euch stark machen, dass ihr dort zurechtkommt, im „Haifischbecken“ des Lebens, das euch erwartet, vor dem ihr aber keine Angst zu haben braucht. Es gibt auch viele Plattfische.

Für Pädagogen ist es angesagt, einen Fuß in der Schule, einen Fuß in der Realität zu haben! Mir hat auch mit der Zeit die Lebenserfahrung geholfen, jedes Jahr besser mit den Schülern zurechtzukommen. Wer mit sich selbst im Reinen ist, kann andere führen.

Positives Denken ist in jedem Fall zielführend. Werte wie Ehrlichkeit und gegenseitigen Respekt sollte man freudig vermitteln, mit großer Freude sogar! Wenn man dir allerdings selbst Unehrlichkeit oder Respektlosigkeit nachweisen kann, kannst du alles vergessen und canceln.

Man kann und muss versuchen, Einzelne und eine Klasse zu einem guten Ende zu führen. Gehofft habe ich immer, dass meine Schüler auch die „Herzensbildung“ mit hinaus ins Leben nehmen, die Menschlichkeit, die ein Leben lang hält, auch wenn das Gelernte vergessen ist.

Sich selbst akzeptieren mit Stärken und Schwächen, auf Mobbing verzichten, anderen beistehen! Fairplay im Herzen tragen!

Klar, wir Erwachsenen dürfen auch vom Nachwuchs lernen. Manches lachen Jungen und Mädchen einfach weg oder verdauen „bittere Pillen“ mit Humor und versuchen, Probleme nicht überzubewerten. Das ist allerdings im Alter nur schwer möglich.

Menschenführung, ohne den anderen seelisch zu verletzen – keine leichte Aufgabe! Niemand zu sehr in die Enge treiben, immer wieder Chancen zur Besserung eröffnen, Tag für Tag! Sich selbst als Lehrer verbessern, nicht zu sehr in Routine verfallen!

In vielen Klassenzimmern hängen Listen an der Wand, Verhaltensregeln, an die sich die Klasse halten soll. Wunschträume so manches Pädagogen. Ohne Durchsetzungskraft geht in dieser Hinsicht allerdings nicht viel.

Papier ist geduldig, Spielregeln des Zusammenlebens müssen gelebt werden, am besten vom Lehrer vorgelebt!

Ich habe das in vielen sogenannten Vertretungsstunden bemerkt. In manchen Klassen, in denen ich ab und zu Unterricht hielt, der ansonsten ausgefallen wäre, waren Wunsch und Wirklichkeit eklatant auseinandergedriftet. Ein schönes Lob von Schülern war es für mich, wenn einer am Ende der Stunde gesagt hat: „Ihnen muss man zuhören, Sie haben ja was zu sagen."

Habe ich meine Klassen richtig geführt? Manchmal habe ich scherzhaft und fröhlich zu meinen Schülern gesagt: „Wo bleibt denn nur der Schulrat, um zu sehen, wie gut ihr heute wieder mitmacht?" Ich habe im Überschwang der Gefühle auch schon mal die Klassenzimmertür unvermittelt aufgerissen, den nicht vorhandenen Schulrat begrüßt und „ihn" gebeten hereinzukommen.

Einmal hat meine 10. Klasse echten Kontakt zu der damaligen Schulrätin in Karlsruhe aufgenommen und sie ohne mein Wissen eingeladen. Die Klasse wollte mir einen Gefallen tun, weil ich mir diesen Besuch tatsächlich oft gewünscht hatte. Die Schulrätin sollte meinen Unterricht unangekündigt besuchen. Unsere Schulleitung hat davon Kenntnis erhalten und das Vorhaben leider verhindert, habe ich später erfahren. Schade, ich hätte mich sehr gefreut und diese Vorgesetzte gerne in meinen Unterricht einbezogen. Das hätte der Höhepunkt meiner Lehrer-Laufbahn sein können, gewissermaßen meine „Feuerzangen-Bowle"!

Kommen Schulrätinnen und Schulräte nur zur Beratung, wenn die Eltern protestieren, weil es in Klassen nicht gut läuft?

In Klasse 9 und 10 haben wir immer wieder recht konstruktive Klassendiskussionen geführt, an denen sich viele beteiligt haben. Die Diskussionsleitung habe ich gern übernommen. Die Spielregeln einer fairen Diskussion sind nicht einfach umzusetzen ohne einen „Moderator".

Wir haben unter anderem auch solche Fragen angesprochen: Wie kann es gelingen, ohne zu viel Nervosität eine gute Prüfung zu schaffen? Wie kann es sinnvoll nach der Schulzeit weitergehen? Für wen ist es ratsam, nach der Mittleren Reife noch das Abitur anzustreben?

An eine Äußerung eines Neuntklässlers erinnere ich mich noch lebhaft, die er für seine Klassenkameradinnen und Klassenkameraden parat hatte: „Wann wollt ihr denn endlich mal euer Leben selbst in die Hand nehmen?“ Klare Aussage. Ich habe ihn damals sehr gelobt. Hohes pädagogisches Ziel: Hinführen zur Selbstverantwortung. Ich glaube, mancher Erwachsene kann das nicht.

Es muss klar sein, dass man für das geradesteht, was man verbockt oder durch Faulheit verpennt hat. Ausreden, Gejammere und Schuldzuweisungen an andere, das ist bei „Groß und Klein“ nicht in Ordnung.

## 7) Vorbilder

„Wer sind eure Vorbilder?", habe ich in vielen Klassen gefragt. „Welche Vorbilder haben Sie?", fragten mich die Kinder zurück.

Als Heranwachsender war das für mich Uwe Seeler, ein echtes Vorbild für uns kickende Jungs, weil er Torjäger war, für sein Team alles gab und seinem HSV trotz hoher Angebote aus Italien treu blieb. Später als Gymnasiast habe ich mich für Mahatma Gandhi begeistert, der mit gewaltlosem Widerstand seine Heimat Indien von der brutal harten damaligen Weltmacht England befreite. Als Student hatte ich große Hochachtung vor Helmut Schmidt, unserem Kanzler mit weltmännischem Niveau, und ich habe Albert Schweitzer als Vorbild angesehen, der in Afrika Wunderbares geleistet hat. Als Lehrer habe ich Dietrich Bonhoeffer, den Theologen und Widerstandskämpfer im „Dritten Reich", bewundert, der kurz vor Kriegsende von der SS auf Befehl Hitlers im KZ Flossenbürg in der Nähe von Nürnberg noch hingerichtet wurde, obwohl die amerikanischen Streitkräfte schon ganz in der Nähe waren. Bonhoeffer sagte, man müsse „dem Rad in die Speichen fallen", das heißt Hitlers Wahnsinn, gerade als Christ, nicht stumm hinnehmen und zusehen, wie verheerend dieser Diktator herrsche. Er schloss sich dem deutschen Widerstand an und opferte sein Leben für die Freiheit.

Vorbilder in unserer Gesellschaft haben wir im Unterricht oft behandelt: Menschen, die sich für andere einsetzen, zum Beispiel im Tafelladen vor Ort; ehrenamtliche Jugendtrainer; Pfarrer, die Vesperkirchen öffnen; Sportler, die auf Doping verzichten; ein Klassensprecher, der für seine Klasse kämpft; ein Politiker, der sich nicht bestechen lässt; ein *dankbares* Kind ...

Vorbildliches leistet zum Beispiel der CVJM in meinem Wohnort Stutensee-Spöck. Junge Menschen kommen hier zusammen, betreuen Kinder, machen Veranstaltungen für alle, singen gemeinsam, gestalten echtes Christentum, auch in Gottesdiensten mit Niveau und Gegenwartsbezug. Sie sind das Licht der Welt und das Salz im Geist des Neuen Testaments. Das nimmt man ihnen ab. Da ist nichts geheuchelt, diese Mitarbeiter im Christlichen Verein junger Menschen sind gute Vorbilder!

Vorbild, Vorbild, Vorbild. Beim Lehrer beginnt das bereits beim Outfit. Ich wollte nicht zu altbacken oder stockkonservativ auftreten, dies wird von „der Jugend der Welt" schon recht kritisch beäugt. Kleider machen Leute, der erste Eindruck zählt. Sprüche, an denen schon immer was dran war.

Mit zerrissenen Jeans und im Schlamperlook war nicht mein Ding, auch nicht der Anzug mit Krawatte. Erfolgreichster Film 2015 war „Fack ju Göhte", eine absichtliche Falschschreibung vom Untergürtellinienspruch „Fuck you Goethe". Ein „obercooler" Lehrer mit Kaugummi im Mund, Füße auf dem Tisch, knallharte Sprüche. Klar – Jugendliche wollen Spaß, auch in der Schule, man kann es ihnen nicht verübeln. Ich habe es mit dem „goldenen Mittelweg" versucht, nicht nur bei der Kleidung! Sportlich kam gut.

Bei mir durften die Jungs allerdings keine Kappen im Unterricht tragen, so wie dies im besagten Film und bei vielen Lehrern der Fall war. Ich hab' meinen Herren erklärt, dass ich stark vermute, die „Glatzköpfe" der jungen Männer kämen vom Dauertragen dieser Caps. Ich glaube heute noch, dass da was dran ist, ganze Heerscharen von jungen Haarlosen sind inzwischen auf den Straßen zu sehen. Oder ist das eine „Modeerscheinung", die falsche Ernährung oder die Evolution? Egal, ich wollte die Burschen ohne Kopfbedeckung vor mir sehen und das Gesicht erkennen, natürlich auch bei den Mädchen. Macht das heutzutage noch jemand? Ich weiß es nicht.

Ich war recht froh, dass ich mit 65 noch den Sprung über den Längskasten geschafft habe, mit Bierbauch wäre mir das nicht gelungen. Sportliches Vorbild zu sein, wird am ehesten akzeptiert, das ist gewissermaßen etwas Sichtbares, Handfestes, zählt höchstwahrscheinlich bei vielen mehr als innere Werte.

Vorbild – ja, Anbiederung – nein. Du wirst oft erst nach Jahren beurteilt, ob du als Vorbild etwas getaugt hast! Bei Gesprächen mit Ehemaligen oder mit Eltern spürt man, ob man im Unterricht ernst genommen wurde, als Vorbild angesehen worden ist oder eher als „abschreckendes Beispiel".

Es ist für eine Lehrerlaufbahn hilfreich, wenn man selbst im Leben nicht zu sehr verwöhnt wurde und sich alles mit eigener Kraft erschaffen musste. Ob das allerdings bei der new generation „erben statt arbeiten" noch was bringt, erscheint offen. Diesen Kids kann man nur klarmachen:

Manchmal kann es vorkommen, dass selbst der größte Reichtum durch Faulheit, Dummheit und Konsum-Wahn aufs Spiel gesetzt wird.

Kinder haben in jedem Fall schon früh ein recht gutes Urteilsvermögen und durchschauen Scheinheiligkeit und Unehrlichkeit in Sachen Vorbildwirkung ziemlich schnell.

Oft wurden Sänger oder Entertainer als Vorbild genannt. Gestaunt habe ich in einigen Klassen, dass ausgerechnet Mädchen den Rapper Bushido als Vorbild nannten, obwohl der doch fast nur Frauenfeindliches von sich gegeben hat. „Recherchiert mal genauer über diesen Typ!", war meine Aufforderung an die Girls. „Er taugt nicht als Vorbild", war meine Meinung.

Manche Jungs hatten Wrestler zum Vorbild. Ich sagte ihnen, dass die ganze Sportart doch nur aus einer großen Show bestehe und der Sieger schon vor dem Kampf feststehe. Diese „Brocken“ als Vorbild? Wohl kaum.

Der Generalbundesanwalt hat im Februar 2017 die Bundesländer um Personal „angebettelt“. Gibt es wirklich so viele schlechte Vorbilder, Gefährder und Kriminelle?

Im Religionsunterricht haben wir auch die Reformation behandelt. Martin Luther hat vieles mit Recht angeprangert, aber auch er hatte Schwächen und negative Seiten. Stichwort: Synagogen der Juden abbrennen. Richtig erkannt hat er, dass die Kirche kein Seelenheil versprechen kann, wenn man sich für Geld – in Form eines Ablassbriefes – von Sünden freikaufen darf. Viele Reiche haben zu allen Zeiten, wahrscheinlich aus schlechtem Gewissen, versucht sich „freizukaufen“. Sie haben auf Vergebung gehofft und in früheren Zeiten ein Kloster „gestiftet“. Vorbild? Eher nicht.

Bill Gates und Dietmar Hopp, zwei Superreiche, schätze ich eher positiv ein. Man kann sich darüber streiten, ob es sein muss, einen Dorfclub in die Elite-Liga zu führen, doch es ist bewundernswert, dass Hopp und Gates mit ihren Milliarden auch viel Gutes tun. Vorbildlich.

Mein erstes Enkelkind, ein toller Junge mit seinen 11 Jahren, hatte zunächst Mario Götze, den Supertechniker, den Weltmeister-Torschützen, zum Vorbild. Götze hat sich bei den Bayern nicht durchsetzen können, sitzt jetzt auch in Dortmund auf der Bank und hat gesundheitliche Probleme. Vorbilder sind auch nur Menschen. Ist es also besser, man hat gar keine Vorbilder?

Orientierung sucht jeder, aber es wird wohl am besten sein, wenn man sich durch eigene Leistung unabhängig macht von Vorbildern. Im Alter lernt man: Alle kochen nur mit Wasser! Das gilt natürlich auch für mich, den alten Pädagogen und Autor-Neuling.

Mein jüngeres Enkelkind, ein Mädchen mit nunmehr 7 Jahren, hat viel Selbstbewusstsein. Selbstvertrauen ist gut, das wird sie im späteren Leben brauchen. Aber so wie jeder von uns wird sie auch lernen müssen, bei der Orientierung im Leben und bei der Vorbildsuche hellwach zu sein, um nicht an falsche Vorbilder zu geraten.

Ich wünsche meinen beiden Enkelkindern, denen ich mein Buch widme, von Herzen viel Glück im Leben, dass sie immer gute Freunde und Partner haben, auf die sie sich verlassen können!

Man sieht die Enkel aufwachsen in einer Welt, die irgendwie aus den Fugen gerät, und hofft inständig, dass die Menschheit baldmöglichst merkt, dass wir auf unserem blauen Planeten zusammenhalten müssen und uns nicht ständig streiten oder gar bekriegen dürfen. Ungerechte Herrscher und korrupte Politiker provozieren Bürgerkriege, Not, Elend und Völkerwanderungen. Ich hoffe sehr, dass meine beiden als Erwachsene einen positiven gesellschaftlichen Beitrag leisten werden, der etwas mit Fairplay zu tun hat, sei er auch noch so klein. Und dass sie dafür nicht belächelt werden, sondern belohnt. Belohnt durch Sympathie, Anerkennung und eine innere Zufriedenheit, etwas Gutes, etwas Sinnvolles getan zu haben! Vielleicht werden sie dann für andere zum Vorbild.

Ich meine rückblickend: Lehrerinnen und Lehrer sollten sich bemühen, Vorbild zu sein! Sie können für Kinder einen großen Halt darstellen. In unserem Leben ist Vertrauen ganz wichtig. Nicht nur „Vertrauenslehrer“ sollten Schülern beistehen, wenn sie Hilfe brauchen, jeder sollte trösten können, wenn bei Mitmenschen alles schiefläuft.

Wenn wir Lehrer kein Vorbild sein wollen oder können, geht die Suche außerhalb der Schule weiter, nicht immer zum Vorteil des Kindes.

## 8) Unterrichten – aber wie?

Die neusten Erkenntnisse von Wissenschaftlern deuten darauf hin, dass sich die Menschheit durch verstärkte Zusammenarbeit und gegenseitige Hilfe auf der „Evolutionsleiter" immer weiter „nach oben" gearbeitet hat.

Soziales Miteinander half gegen Raubtiere, Erdbeben, Vulkanausbrüche und viele weitere Gefahren. Zusammenhalt ermöglichte das Überleben bis hin zum heutigen Menschen.

Ich habe nach zwei, drei Jahren an der „Schulfront" mit unseren Riesenklassen festgestellt, dass ich meinen eigenen Weg finden musste und diesen könnte man im Rückblick „sozialen Großgruppenunterricht" nennen. Eine wichtige Rolle hat meine Funktion als Klassenlehrer gespielt, auf die ich noch eingehen möchte.

Die Kinder und Jugendlichen bestätigten mir, dass sie gut mit meinem Unterrichtsstil zurechtkamen. Meine Unterrichtsstunden hatten nichts mit autoritärem Machtgehabe zu tun, das darf ich behaupten, und auch nicht mit reinen Monologen der Lehrkraft, bei denen die Kinder sanft entschlummern. Im Gegenteil, der Spaßfaktor kam nicht zu kurz, der Dialog wurde im Klassenraum zelebriert. Ich holte die Realität in die Schule herein. Ein Radiogerät hatte ich recht oft dabei. Die aktuellen Nachrichten des Tages waren für die Kids herausfordernd und als Stundeneinstieg oder auch mal am Ende einer Doppelstunde in allen meinen Fächern beliebt.

Die Einbeziehung der Schüler, die Belohnung durch häufige Erfolgserlebnisse, das Durchleben von möglichst vielen sozialen Komponenten, das war unsere gemeinsame Unterrichtswelt. Man hat mir gern zugehört, die Schüler haben mich angenommen, das war irgendwie befreiend und einfach schön. So brauchte ich auch nicht allzu viel Druck ausüben, um die Kids zum Lernen zu bewegen.

Es klingt vielleicht vermessen, wenn ich als Vergleich das deutsche Wirtschaftssystem ins Spiel bringe, die soziale Marktwirtschaft. Ich glaube, mittlerweile beneidet uns die ganze Welt darum.

Der Leistungsgedanke steht im Zentrum, aber das hässliche Gesicht des reinen brutalen Kapitalismus wird abgefedert durch ein soziales Netz, das zweifellos Gewerkschaften und unser Grundgesetz erkämpft und erschaffen haben, ein Stück Menschlichkeit für alle, die dem Druck und der Belastung nicht ein ganzes Arbeitsleben gewachsen sind. Das menschliche Antlitz des Kapitalismus federt Schwächere ab, lässt sie nicht untergehen.

Wenn die Leistungsstarken in der Schule nicht hochnäsig sind und es dem Pädagogen gelingt, eine große Portion Menschlichkeit in seinen Unterricht einfließen zu lassen, kann man auch mit 32 Sechzehnjährigen und sogar mit Volljährigen ganz gut in der Großgruppe lernen und die „Sozialisation" eines jeden jungen Individuums voranbringen. Etwas leisten und sich gleichzeitig fair benehmen, funktioniert tatsächlich. Vor kurzem schickte ich das Manuskript dieses Buchs einem Bekannten, der es dann seinem Sohn, einem Lehrer, gab. Dieser stellte die Frage: „Wann hat denn der gute Mann unterrichtet?" Mein Rückblick kam ihm wohl „spanisch" vor, er fragte, ob ich auf einem anderen Stern unterrichtet hätte. Oder meinte er, ich habe das nicht 40 Jahre durchhalten können oder vielleicht vor 20 Jahren letztmals unterrichtet? Nein, meine pädagogische Tätigkeit und mein Erfahrungshorizont haben ohne größere „Schrammen" das Jahr 2016 erreicht.

Im Ruhestand liest man noch genauer und noch mehr. Beim Durchsuchen des Internets nach modernen erfolgreichen Unterrichtsmethoden fand ich in der Frankfurter Allgemeinen Zeitung einen ausführlichen Artikel über Unterricht und Probleme in unserem aktuellen Bildungssystem. Es wurde festgestellt, dass die „moderne" Didaktik, in der sich die Lehrkräfte stark zurücknehmen und das selbstständige Lernen sowie die Selbstüberprüfung des Lernerfolgs durch die Schüler das „Ei des Kolumbus" sein sollen, offensichtlich ihre Grenzen erreicht hat!

Der Anspruch, Chancengleichheit zu bringen, schadet offensichtlich denen am meisten, die Hilfe brauchen! Sehr interessant für mich zu lesen!

Dieser Artikel wurde in der FAZ am 5. 12. 2012 abgedruckt. Es wird festgestellt, dass Schulen Dauerbaustellen seien und jedes Jahr reformiert werde, zum Verdruss von Schülern und Eltern.

Bildungsökonomen haben in einer groß angelegten Studie in den USA herausgefunden, dass Kinder am besten lernen, wenn man sie „frontal" unterrichtet. Die Autorin in der FAZ schreibt, dass es in den Vereinigten Staaten eine Unmenge qualitativ guter Daten dazu gebe. Diese Studie stellt fest, dass sogenannter Frontalunterricht den Kids mehr bringe als problemorientierter oder gar offener Unterricht. Diese Untersuchung wurde übrigens vor Donald Trumps Amtsantritt gemacht, möchte man betonen.

Die Jagd nach immer besseren Unterrichtsmethoden und noch tolleren Unterrichtsentwürfen ist fragwürdig. So etwas kann kein Mensch 40 Jahre im Schuldienst durchhalten. Kein Wunder, dass viele Lehrkräfte über Burnout klagen, wenn sie diese Hatz mitmachen oder gar mitmachen müssen! Ich glaube, viele sind auch den Auswirkungen und dem sehr zeitintensiven Management mancher Formen des Unterrichts nicht gewachsen und verbittern dann. Wenn man es positiv betrachtet, haben ja sämtliche Unterrichtsmethoden und -versuche eines gemeinsam: Sie alle wollen Schule und Sozialisation verbessern. Schüler werden meines Erachtens aber seit Jahrzehnten zu bemitleidenswerten

Versuchskaninchen, nicht nur, weil immer neue Lehrpläne und Unterrichtsfächer hinzukommen, sondern weil Schulen nicht mehr zur Ruhe kommen und die Kontinuität fehlt!

Ich meine, Unterricht mit „Esprit“ und Herzblut ist gefragt, der Schüler mitreißt. Ich habe den Eindruck, dass immer mehr Lehrkräfte unzufrieden sind, weil echte Erfolgserlebnisse seltener werden und sie das Damoklesschwert des Burnout-Syndroms über sich spüren. Da fragt sich nicht nur Herbert Grönemeyer: „Was soll das?“ Ich glaube inzwischen, auch Schulrätinnen und Schulräte müssten alle zwei Jahre wieder ein Schuljahr lang selbst an der „Front“ unterrichten. Wer mitreden und andere beurteilen will, muss sich selbst ein Bild von der Wirklichkeit machen, hautnah und nicht nur eine Stunde lang. Jeder ahnt: Es ist ein Riesenunterschied, eine Schulstunde mit Argusaugen zu beobachten oder sie selbst unter einem gewissen Stress halten zu müssen! Schaustunden und gigantische Unterrichtsentwürfe haben mit der Unterrichtswirklichkeit nicht viel zu tun. Meines Erachtens sind ständige Reformen an den Schulen kontraproduktiv und der Evaluationswahn produziert noch mehr überforderte Lehrkräfte.

Das eigentliche Problem liegt auf politischer Ebene. Die Kulturhoheit der Länder – so glaube ich – hat mehr Nachteile als Vorteile. Wenn ein Kind mit seinen Eltern in ein anderes Bundesland umzieht, kommt es in eine völlig andere Schulwelt. Die Anforderungen sind sehr unterschiedlich und junge Menschen bekommen zum Teil erhebliche Probleme, das musste ich an meiner Schule bei „Umzugskindern“ aus nördlichen und östlichen Bundesländern feststellen. Ich schätze unsere Demokratie sehr, aber ob sich CDU, CSU, SPD, FDP, die GRÜNEN und die Linke jemals auf eine gemeinsame Bildungspolitik für Deutschland oder wenigstens für ein Bundesland einigen werden? Jetzt will auch noch die AfD mitreden. Rette sich, wer kann. Je intensiver sich Parteien in der Bildungspolitik ideologisch bekämpfen, desto stärker leiden diejenigen darunter, die das Ganze auslöffeln müssen: die Lehrer und die Schüler und leider auch die Eltern. Im Zerreden von Problemen gibt es immer mehr „Experten"! In Frankreich ist nach meinem Kenntnisstand Bildungspolitik eine zentrale Sache für das ganze Land. Das finde ich gut.

Sein Fähnlein nach dem Zeitgeist zu hängen und gezwungenermaßen als Lehrer unter fragwürdigen Reformaspekten „mitreisen" zu müssen, bringt in der Pädagogik nichts, weder in Form von aufgeblähten Unterrichtsentwürfen noch für das soziale Miteinander! Ich denke, weniger wäre mehr: Fairplay, Ehrlichkeit, Zuverlässigkeit statt ständiger Reformen und gegenseitiger politischer Vorwürfe.

Das sind alles Gedanken, die ich mir im Ruhestand mache. Mich persönlich ließ man 40 Jahre unterrichten, wie ich wollte, ohne Schulratsbesuche und direkte Eingriffe der Schulleitungen. Das war schön für mich und meine Schüler! War man an „höherer Stelle" zufrieden mit mir? Rückmeldungen bekam ich eigentlich nur von Eltern und Schülern. Ich habe hautnah gespürt, wie Kolleginnen und Kollegen auf der Suche nach geeigneten Unterrichtsmethoden für ihre Klasse und unter dem „Erwartungsdruck" von verschiedenen Seiten, dem sie nicht immer gewachsen waren, vom Burnout zumindest gestreift wurden. Die Anzahl der Krankheitstage hat gigantische Vertretungspläne produziert.

„Bildung ist nicht das Befüllen von Fässern, sondern das Entzünden von Flammen." Das stellte Herakles sehr treffend fest. Man kann nicht in jeder Stunde jeden Schüler erreichen, versucht habe ich „das Entzünden von Flammen" – mit Vehemenz.

Es ist mir inzwischen klar, dass man jede Unterrichtsform auch „vergeigen“ kann, wenn man die Kids nicht erreicht.

Die Bildungstheorie unterscheidet den optisch/visuellen Typ, den auditiven, haptischen und kognitiven Lerntyp. Vesters Didaktik wurde von der Lernpsychologie allerdings belächelt. Das assoziative Lernen, Diskriminationslernen, Begriffslernen, Regellernen, Problemlösen: Das war später für Lehrer in Erwägung zu ziehen. Viele Theorien verwirren, verstellen den Blick, meine ich jetzt im Alter.

Wie ist das in anderen Berufen? Wie sehen das ein Marc Zuckerberg, ein Bill Gates, ein Steve Jobs, ein Dietmar Hopp? Das würde mich schon interessieren. Welche Unterrichtsmethoden würden solche erfolgreichen Menschen vorschlagen? E-Learning wahrscheinlich. Sie würden allerdings als Lehrer bemerken, dass auch das mit Kindern schiefgehen kann.

In der Fachliteratur konnte bis heute empirisch nicht nachgewiesen werden, dass die Berücksichtigung von verschiedenen Lerntypen durch Lehrkräfte positive Effekte auf den Lernerfolg der Schüler bedingt. Die PISA-Studien lassen grüßen! Auch der Didaktik und Methodik ist es laut Wikipedia bis jetzt noch nicht gelungen, eine Taxonomie der Unterrichtsmethoden aufzustellen.

„Grau, teurer Freund, ist alle Theorie und grün des Lebens gold'ner Baum“, sagte Goethe mit Recht. Ich habe die Erfahrung gemacht, dass man die Schüler begeistern kann, zur Leistung motivieren. Das funktioniert allerdings erst, wenn sie soziale Kompetenzen verinnerlicht haben! Wenn der Funke überspringt, kannst du mit deinen Klassen fast alles machen, was pädagogisch sinnvoll und möglich ist, auch in einer Großgruppe, sprich mit einer Klasse von 30 Schülern. Das habe ich in vier Jahrzehnten festgestellt.

Kein Lehrplan der Welt, kein Erziehungsberechtigter und auch keine Schulleitung verbieten es dem Lehrer, sich mit seiner ganzen Person einzubringen. Man reift an dieser „pädagogischen Schnittstelle" zwischen Theorie und Praxis und sammelt einen Schatz von Erfahrungen im täglichen intensiven Arbeiten mit den Schülern. Es ist ein schönes Geben und Nehmen! Das Fordern und Fördern ist gewinnbringend möglich.

Stoffverteilungspläne, Monatspläne, Wochenpläne, Tagespläne sind sicherlich wichtig, aber ich habe bald bemerkt, dass sie zum Scheitern verurteilt sind, wenn man nicht mehr spontan und flexibel im Unterricht sein kann. Ich musste auch mal Stundenziele über „den Haufen werfen" und Stoff wiederholen oder aus einer anderen „Perspektive" erklären und immer wieder in die Aktualität gehen. Wie war das doch gleich mit den „Jahresplänen" in der DDR? Jämmerlich gescheitert. Eine Schulklasse könnte gewissermaßen sagen: „Wir sind das Volk!"

Ich hatte Bedenken, ob meine Schüler bei völlig selbstständigem Lernen, Stationslernen, Freiarbeit, Projektunterricht, Differenzierung oder Prozessorientierung alles ernsthaft genug angehen und gute Lernerfolge erzielt werden können. Die Ergebnisse bei meinen Referendaren, die diverse Unterrichtsformen pflegten, waren mir oft zu dürftig. Bei vielen Kolleginnen und Kollegen bemerkte ich mehr Frust als Lust, je differenzierter die Methoden und der Aufwand für die Stunden wurden.

Der „Erfolg" in der Arbeit mit Schülern scheint wie in der Politik, im Sport und in der Berufswelt sehr personenabhängig zu sein. Ja – Lehrer sind halt Einzelkämpfer. Man kann ihnen allerdings nicht die Verantwortung für alles zuschieben.

Gerade im Hinblick auf die Vorbereitung wichtiger Klassenarbeiten, Leistungstests und eine sinnvolle Hinführung zu unserer recht anspruchsvollen Realschulabschlussprüfung ist mir bewusst geworden, dass ich mit den „Meinigen" bessere Lernerfolge erzielen konnte, wenn ich die gesamte Klasse vor mir hatte und lehrergesteuerten, dozierenden Unterricht praktiziert habe, wie erwähnt mit intensiver und kreativer Schülerbeteiligung. Im Rückblick denke ich, dass ich auditive, visuelle, kommunikative und motorische „Lerntypen" erreicht habe, auch ohne meine Klassen ständig auseinanderzureißen.

Volles Deputat: 240 Schüler pro Woche. Der Prüfstein meines Unterrichts war immer die Prüfung zur „Mittleren Reife" mit zentraler Aufgabenstellung für alle Realschulen in Baden-Württemberg. Jahrzehntelang musste ich mich mit unseren Oberklassen, sprich Klasse 10, diesem Examen stellen und die Jugendlichen ab Klasse 9 gut darauf vorbereiten. Ich hatte ein gutes Gefühl, wenn ich alle gemeinsam im Unterricht vor mir hatte. So habe ich viel Zustimmung geerntet, wenn ich zum Beispiel vor versammelter „Mannschaft" einen gelungenen Schüleraufsatz, der Prüfungsrelevanz und Niveau vereinigte, komplett vorgelesen habe. Mehrmals ist es uns gelungen, nach intensiver Klassendiskussion Prüfungs-Aufsatzthemen zwei bis drei Wochen vorher zu „erraten".

Die Spannung und Nervosität vor dem schriftlichen Examen waren eigentlich immer spürbar, teilweise war sie bei Lehrkräften größer als bei den Schülern. Es tut gut, wenn man als Lehrer die Prüflinge relativ entspannt „ins Rennen" schicken kann, weil man in der Klasse alles dafür getan hat, dass alle gut vorbereitet sind. Jedes Jahr folgende Zeremonie: der versiegelte Umschlag vom Kultusministerium im Schultresor, die „feierliche" Öffnung durch die Schulleitung und Kollegen als Augenzeugen am Prüfungsmorgen um 6.30 Uhr, der Eintrag der Uhrzeit ins Prüfungsprotokoll. Unbekannte Prüfungsthemen in Deutsch, Mathematik und Englisch. Man stellt sich natürlich immer die Frage: Sind meine Zehntklässler dieser Prüfung im vierstündigen Deutschaufsatz gewachsen? Blamieren mich meine Schüler beim

Zweitkorrektor, der von einer anderen Realschule eingesetzt wird? Ein echter Prüfstein für meinen Unterricht!

Auch unsere mündlichen Prüfungen hatten es in sich. Mein kompletter Unterricht der sogenannten „Nebenfächer“ konnte da theoretisch auf den Prüfstand kommen. Lehrer-TÜV bestanden? In meinen letzten Lehrerjahren kam noch die fächerübergreifende Kompetenzprüfung dazu. Nicht zuletzt zeigte sich auch in unserer Sportprüfung, was ich den jungen Leuten beigebracht hatte, ob ich sie fördern konnte: in der Leichtathletik, im Geräteturnen, im Schwimmen, in den Mannschaftsspielen. Sogar Fragen zur Sporttheorie und Regelkunde mussten beantwortet werden.

Kein Kinderspiel so eine schriftliche, mündliche und fachpraktische Prüfung zur Mittleren Reife.

Im Laufe der Jahre wurde mir klar, meine Schüler brauchen mich als führungskompetenten Lehrer. Ich hatte die Sorge, dass es zu viel Stress, zu viel Jammern, zu schlechte Leistungen, Ablenkungen, im Endeffekt leider auch zu viele Sitzenbleiber oder „Versager“ gibt, wenn ich mich als Lehrer zurücknehme. Aus manchen Gesprächen mit Kollegen, auch aus anderen Schulen, habe ich Ähnliches vernommen.

Individuelles Lernen hieß das „Zauberwort“ der Schulbehörde und Schulleitung etwa ab dem magischen Jahr 2000. Man glaubte, dass man dies mit einer großen Klasse im gemeinsamen Unterricht gar nicht leisten könnte.

Ich habe das Gegenteil festgestellt: Man kann sehr wohl auf Einzelne gezielt das Augenmerk lenken, indem man von ihnen Leistung fordert und sich nicht mit Ausflüchten zufriedengibt. Es gab wirklich viele Schüler, die sich in der Großgruppe Gedanken machten über ihre eigene Anstrengungsbereitschaft und Faulheit oder gar jemand in der Klasse geholfen haben, sich gesteigert haben, weil man nicht zu sehr „abfallen“ wollte. „Konkurrenz belebt das Geschäft!“ Fehler oder schwache Formulierungen kann man blitzschnell korrigieren, Schüler lernen tatsächlich sehr viel, gerade aus den Fehlern von Mitschülern, das geht wirklich ohne Häme, Schadenfreude und Neid!

Eine aufmerksame große Klasse lernt täglich viel dazu. Schüler bestätigten mir bei dieser Unterrichtsform immer wieder, dass der Lehrer auf dem richtigen Weg ist. Und die Arbeitsatmosphäre, die ruhige Art zu lernen – trotz Großgruppe – tut gut. Geschrei und ständiges Zwischenrufen der Kids darf es allerdings nicht geben. „Wir sind ja nicht im Bundestag“, habe ich im Scherz zu meinen jungen Menschen gesagt. Wer als Schüler Erfolgserlebnisse hat, kann aus seiner Schublade, in die er vielleicht von einer psychologischen Beratungsstelle oder gar von Kollegen gesteckt wurde, fröhlich herauskrabbeln. Es sollten für Schüler keine Psychopharmaka in Frage kommen, um „bestehen“ zu können.

Bloßstellen darf man im Unterricht niemand, das möchte ich mit Nachdruck feststellen. Es muss stets ein Anreiz da sein mitzumachen. Schüler werden offener, outen sich in ehrlicher Weise ohne Heuchelei. Nach einem Tadel habe ich immer bei der nächsten Gelegenheit sofort versucht, den Getadelten zu loben, wenn er sich verbessert hat und habe einige damit vorwärtsgebracht. Das Reden wird täglich geübt. Im Sitzen oder Stehen, vom Platz des Schülers aus, noch besser vor der ganzen Klasse. Mut-Schulung, Sprache verbessern! Die Lehrkraft sollte als Vorbild auch hier mit guter Rhetorik vorangehen!

Freies Sprechen kann man lernen, es kostet Überwindung vor der Klasse zu stehen und in grinsende Gesichter zu schauen, aber Schüler werden belohnt, wenn sie es einmal gewagt haben. Schnell grinst niemand mehr, der Schüler wird bewundert, dass er den Mut hatte, „vorne“ oder auch mal vom Platz aus etwas Sinnvolles von sich zu geben. Der Lehrer muss allerdings in dieser Situation in der Lage sein, eine Atmosphäre zu erzeugen, in der es Spaß macht, frei zu sprechen. Er muss dem Schüler gewissermaßen „den Rücken bzw. die Frontansicht freihalten“, ihn schützen vor „witzigen“ dummen Störungen. Sprachförderung wird immer wichtiger!

Selbstständiges Lernen und Gruppenunterricht läuft oft auf die „Präsentation“ hinaus. Die Gruppenmitglieder tragen zögernd und oft zu leise vor, zeigen Fotos, Diagramme, benutzen die Weltkarte. Das ist ja alles in Ordnung und manches Gute habe ich dabei erlebt, aber es ist fast eine Kunst, den Rest der Klasse bei „Laune“ zu halten, sprich zum Zuhören zu „bewegen“. Kids können keine Lehrer sein, noch nicht! Manche taten mir bei solchen Präsentationen einfach leid, denn ich wusste, dass sie dadurch nach der Stunde sofortigem Mobbing ausgesetzt waren. Nein, nein. Diesen Schülern habe ich lieber mannigfache Gelegenheit gegeben, kleine Erfolge zu feiern durch ein gutes kurzes Statement oder überzeugende Antworten auf meine Fragen. Für mich das bessere Mittel, um Selbstvertrauen aufzubauen, überflüssiges Bloßstellen und Mobbing erst gar nicht aufkommen zu lassen.

Nochmals zum Begriff „schützen“: Bei Plenardebatten im Bundestag oder in den Landtagen muss der Sitzungspräsident den Redner auch des Öfteren „schützen“: vor unliebsamen und manchmal beleidigenden Zwischenrufen ausgebuffter Politprofis. Dann heißt es, Schluss mit lustig!

## 9) Gemeinsames soziales Lernen

Könige, Kaiser, Fürsten und Grafen stellten jahrhundertelang Privatlehrer ein, die ihre Sprösslinge „unterweisen" sollten. Reine Stoffvermittler? Lesen, Schreiben, höhere kulturelle Bildung. Französisches Vorbild: der „Sonnenkönig von Gottes Gnaden". Diese Lehrer werden es wohl nicht gewagt haben, den jungen „Herrschaften" so etwas wie soziale Verantwortung nahezubringen. Sie waren schon froh, am Hofe unterrichten zu dürfen, welch ein Privileg. Soziale Fragen und Probleme im privaten Einzelunterricht? Unmöglich. Soziale Verantwortung für die zukünftigen Herrscher? Tabu. Die Folgen waren entsprechend. Das einfache Volk musste viel zu lange alles ausbaden, in Armut leben und die „kleinen Leute" durften für die „Herrscher" gnadenlos in den Krieg ziehen! Ach, wie gnädig war das denn?

Rücksichtslosigkeit und Egoismus habe ich den Kindern nie vorgelebt, denn sie führen zu nichts Gutem. Zusammenhalt, Rücksichtnahme, ja auch mancher Verzicht bringen Menschen einander näher und haben nicht nur in Schulklassen eine heilsame Wirkung! Verantwortung übernehmen für sich selbst und für Mitmenschen sollte von Pädagogen als lebenswichtig vermittelt werden. Wo geht das besser als mit möglichst vielen Kindern und Jugendlichen in der Schule?

Wenn Lehrkräfte und Eltern im 21. Jahrhundert nicht den Mut haben, ein soziales Gewissen, ein Miteinander, eine lebensbejahende Gemeinsamkeit und Toleranz einzufordern und sinnvoll weiterzugeben, werden Egoismus, Hass, Intoleranz und Aggression weiter zunehmen.

Starke Lehrerpersönlichkeiten mit viel Offenheit, Toleranz, Geduld, Durchsetzungsvermögen und „Fairplay im Gepäck" werden in einer Demokratie moderner Prägung in unserer Gegenwart und auch in Zukunft in allen Schularten sehr gefordert sein. Es gilt, soziale Verantwortung gemeinsam in den Köpfen und Herzen zu „verankern"! Mit Strenge oder mit Güte? Ich denke mit beidem, wobei die Güte dann überwiegen kann, wenn eine gewisse Harmonie in der Klasse herrscht.

„Die Würde des Menschen ist unantastbar", heißt es im Grundgesetz der Bundesrepublik Deutschland. Ich denke, wer in Würde leben und dazu noch im Beruf erfolgreich sein will, muss soziale Verantwortung und Toleranz auf seiner „Agenda" haben. Das ist für eine demokratische Gesellschaft „Pflichtprogramm", keine Schwäche, wie manche meinen, sondern für alle ein Segen! Soziales Miteinander kann in der Schule nicht ausgeklammert werden. Reine Stoffvermittlung in den Schulen ist definitiv zu wenig. Unterricht heißt für den Pädagogen: Energie hochhalten, nach Möglichkeit bis zum letzten Tag der Lehrerzeit, bis zur Pensionierung. Mit Halbherzigkeit stellen sich keine Erfolge ein.

Die siegreiche Partei bei den saarländischen Landtagswahlen im März 2017 hatte eine Frau an der Spitze, die im Wahlkampf Kante gezeigt hat, dennoch hohe Sympathiewerte erreichen konnte und tatsächlich die radikalen Parteien in die Schranken gewiesen hat. Geworben hat sie mit dem Slogan: „Zusammen. Weiter. Voran." Hat man ihr abgenommen, dass sie die Bürger „mitnehmen" will? Offensichtlich, denn 70 Prozent Wahlbeteiligung bei einer Landtagswahl waren ebenfalls ein gutes Ausrufezeichen für unsere Demokratie bei der Wahlmüdigkeit der vergangenen Jahre. Auch ein gutes Zeichen der „Mitte der Gesellschaft" gegen links- und rechtsradikale Heuchler und Hetzer.

Der Mensch als soziales Wesen kommuniziert gern: Nicht nur im Deutschunterricht wird unsere Sprache täglich gelehrt, gelernt, angewandt. Die deutsche Sprache sollte jeder Schüler gut beherrschen, ein stummer Fisch kommt selten nach oben, selbst wenn er noch so viel weiß! Es sei denn, er hat „Vitamin B". Mit Erschrecken nehme ich im Ruhestand zur Kenntnis, dass die Deutsch-Tests bei Einstellungsprüfungen der Firmen oder bei der Polizei immer schlechter ausfallen. Ein Alarmsignal!

Die Flut von Kindern mit Migrationshintergrund, die nun in die Schulen drängt, schreit förmlich nach sozialer Verantwortung und ebenso dringend nach notwendiger Förderung der deutschen Sprache. In Supermärkten oder Baumärkten rege ich mich auf, dass viele sich nicht bemühen, Deutsch zu sprechen. Sprachförderung wird wahrscheinlich in größeren Gruppen gelingen müssen, nicht unbedingt am Computer durch Einzelunterricht.

Wieder mal sind es die Lehrer, die diese Integration in der vordersten Linie „bewältigen" sollen. Es ist mir als Pensionär klar, dass die Integration dieser Kinder die wohl größte Herausforderung der nächsten Jahre sein wird. Auch deutsche Kinder haben Sprachförderung immer nötiger, das konnte ich täglich an „meiner" Realschule feststellen. Gut integrierte Schüler könnten den Lehrkräften helfen, gewissermaßen als Vorbild, und sich dadurch sprachlich sogar weiter verbessern.

An unserer Schule galt es jahrzehntelang in kleinem Maßstab immer wieder, Schüler zu „integrieren". Die Kinder kamen zu uns aus ganz Deutschland, weil ihre Eltern hier Arbeitsplätze fanden. Sie wechselten von anderen Schulen, Schularten und Bundesländern mit völlig verschiedenen Lehrplänen nach Baden-Württemberg. Unser Einzugsgebiet umfasste außerdem acht ziemlich „verschiedene" Dörfer mit ländlicher Prägung. Kaum jemand von diesen Schülern wollte in die Hauptschule an unserem Ort gehen. Es war eine große Kraftanstrengung des gesamten Kollegiums nötig, um diese jungen Menschen mit völlig verschiedenen Voraussetzungen an unserer Realschule zu „integrieren“ und zum Erfolg zu führen.

Flüchtlingskinder zu integrieren, ist natürlich noch eine andere „Hausnummer“. Es gibt Gott sei Dank bereits einige mittelständische Firmen, die Flüchtlinge mit Erfolg aufnehmen und ausbilden. Es ist zu hoffen, dass Schulen und Ausbildungsfirmen „gemeinsam“ die Integration und die Aussage der Bundeskanzlerin in die Tat umzusetzen können: „Wir schaffen das.“ Aber es wird wohl länger dauern, ähnlich wie bei der deutschen Wiedervereinigung, Stichwort: „Blühende Landschaften“. Und die Lehrkräfte, die sich dieser heroischen Aufgabe stellen, werden keine reinen Stoffvermittler sein dürfen, sondern sie brauchen viel Idealismus, menschliche Hingabe und ein „soziales Gewissen“. Es wäre ein großer Wunsch von mir, dass sich mehr junge dynamische männliche Lehrkräfte dieser Aufgabe stellen und sich mit vollem Herzen einbringen. Auf die Begründung dieses Wunsches möchte ich noch an anderer Stelle eingehen.

In diesem Zusammenhang beobachte ich mit großer Sorge das Zerfallen, das Sterben der Hauptschulen in Baden-Württemberg. Das hat schon seit geraumer Zeit einen Schub von Kindern mit sich gebracht, die in Realschulen und Gymnasien drängen, in denen viele aber überfordert sind. Für Eltern scheint es zur Pflicht geworden zu sein, ihre Kinder auf „höhere“ Schulen zu schicken. Eine gefährliche Sache für die Entwicklung des Kindes.

Überforderung hat böse Auswirkungen, macht auch Lehrer krank. So heißt es mittlerweile, den Letzten beißen die Hunde: unsere Hauptschulen. Muss eigentlich jeder Handwerker Abitur haben?

Vielleicht könnte man die wankenden Hauptschulen nun als „Integrationszentren“ zu neuem Leben erwecken, die mithelfen,

Migrationskindern einen guten Weg in die Berufe zu ebnen und sie nicht ohne Schulabschluss untergehen zu lassen. Für viele „einheimische" Kinder wäre meines Erachtens eine gute Hauptschule ebenfalls ein Segen. Ein gutes Drittel unserer Realschüler hätte hier leichter den Weg in die Berufswelt gefunden.

Die deutsche Sprache ist für mich zum Sorgenkind in unserer Gesellschaft geworden. Ich hatte allerdings auch viele gute Schüler in Klasse 8 bis 10, die mich ernsthaft gefragt haben, wann sie wieder vor „versammelter Mannschaft" etwas vortragen dürfen: angefangen vom auswendig gelernten Gedicht bis hin zu einer kompakten Buchvorstellung, einer kleinen Stellungnahme zu etwas Aktuellem oder einem Beitrag zur Vorbereitung der nächsten Klassenfahrt, eine Zusammenfassung einer Seite im Geschichtsbuch und Ähnliches. Sie suchten die Gemeinschaft der Klasse, sie wollten unbedingt zeigen, dass sie den Mut hatten, sich „vor Publikum" zu outen. So kannst du dich sprachlich verbessern. Übung macht den Meister. Ich selbst habe immer gern gesprochen, auch am Mikrofon vor einer größeren Zuhörerschar. Mit der Zeit verlierst du die Hemmungen. Eine Klasse kann allerdings ein ganz schwieriges Auditorium sein, wenn Lehrer nicht mit Engagement dabei sind und fürsorglich agieren.

Manchmal wollten die Klassensprecher im Auftrag der SMV in den kleinen Pausen etwas zur Klasse sagen, aber keiner hörte zu. Man braucht also schon einen Lehrer, der in dieser Sache hilft, anerkannt ist, die „Autorität" hat, das Zuhören und Vortragen möglich zu machen. Diese Autorität darf nicht diktatorisch daherkommen, sie muss erarbeitet sein!

Es darf keine schlimme Form mit dem „Holzhammer" geben, sondern die Schüler sollen den Pädagogen als Fachmann schätzen, der sein Bestes gibt, um vernünftigen Unterricht zu ermöglichen. Es braucht Lehrkräfte mit Charisma, mit Temperament, sicher auch mit Güte, vielleicht sogar mit einer gewissen „Siegermentalität". Methodik und Didaktik treten dann in den Hintergrund. Vielfach war es auch so, dass ich mit Mut machendem Zuspruch einige Probleme mildern und manchen wieder auf's Gleis setzen konnte.

Ja – das freie Sprechen haben wir in unserem Unterricht sehr oft geübt, da kann man in kleinen Schritten jeden Tag etwas dazulernen: Hilfe zur Selbsthilfe. Man braucht das als Erwachsener. Kinder dürfen nicht vor dem Computer vereinsamen und mundtot werden! Sich ehrlich zu „outen" darf niemand als Schwäche ausgelegt werden, wenn Persönliches in Vorträge einfließt. Schüler bemerken es schnell, wenn dem Lehrer der Erfolg jedes Einzelnen wichtig ist. Freude als Lehrer zu zeigen, erschien mir immer sinnvoll!

Die Schlossschule Salem wurde 2016 mit einem Preis ausgezeichnet. Berufsbezogener Unterricht sei dort sehr gut. Das lobe ich. Als dann im Fernsehen gezeigt wurde, wie ein Schülerarbeitsplatz aussieht, wurde ich eher skeptisch. Kleiner Tisch, Stellwände schotten den Einzelnen ab, individuelles Lernen, Lehrerin als „Helferin" oder „Begleiterin" in „Notfällen". Mir kam das vor wie eine Parallele zum Hausaufgabenmachen im trauten Heim, kleines Kinderzimmer oder der Küchentisch, der Schüler als Einzelkämpfer, die Mama hilft im Falle eines Falles. Halt – das geht ja nicht, die Mama arbeitet ja, also doch der Computer. Allerdings üben da andere Sachen eine magische Anziehungskraft aus, wenn niemand zuhause ist.

Wenn sich tatsächlich immer mehr Vollzeit- oder Teilzeit-Lehrkräfte auf Dauer stark zurücknehmen und individuelles Lernen nur noch „begleiten", frage ich mich, wo bleibt denn dann das Miteinander, das gemeinsame Üben, das Lernen voneinander, die Korrekturfunktion der Mitschüler, die Chance des Lehrers mit wichtigen Statements alle gleichzeitig zu erreichen? „Ach das klappt nicht, die sind doch viel zu laut!", hörte ich oft. Das stimmt nicht, ich habe sehr gute Erfahrungen mit großen Klassen gemacht! Nach der Schule muss man ja auch mit vielen Leuten zusammenarbeiten.

Im Profisport und in Weltfirmen sind hochbezahlte Trainer, Coaches, Motivationskünstler oder wie man sie auch immer nennt, schon längst etabliert und unverzichtbar. Weshalb? Damit die Leistungen der Sportler oder Betriebsangehörigen besser werden.

Wir Lehrer sollten uns nicht selbst überflüssig machen und zu kleinen unbedeutenden Helfern im Schulalltag werden, die von manchen Kids überhaupt nicht mehr ernst genommen werden.

Es gibt Lerneinheiten mit guter Selbstüberprüfung, aber die halte ich eher sinnvoll für das häusliche Lernen. Ich weiß, dass der Vormarsch der Computer im Unterricht nicht mehr aufzuhalten ist, so wie in der gesamten Gesellschaft. Ob das zur Verrohung des Verhaltens führt, sei dahingestellt. Es ist zu befürchten. In jedem Fall ist der Computer nur eine Maschine und hat keine Empathie. Vielleicht kommt das noch, wer weiß? Können sich die Lehrer dann einen anderen Beruf suchen? Selbst dann nicht!

Echtes selbstständiges Lernen ohne Motivationsschub schaffen meiner Meinung nach vielleicht Studenten und selbst die sind auf gute oder sehr gute Dozenten und Professoren angewiesen.

Daher meine ich, eine Lehrkraft sollte sich mit allem, was sie zu bieten hat, in den Unterricht einbringen. Die Ausbildung einer Pädagogin und eines Pädagogen mit recht ordentlicher Vergütung ist meines Erachtens nicht nur auf stilles Beobachten und zurückhaltendes Helfen ausgelegt. Der Lehrer als „Statist", „stiller Beobachter", „Begleiter", „Randfigur" oder als „Wandschmuck" macht sich meines Erachtens irgendwann selbst überflüssig.

Gemeinsam geht's besser: gegen den Schulfrust, gegen die Vereinsamung vor der „Flimmerkiste", dem Computer und Smartphone.

Viele Klassen haben meine kraftvolle Lehrersteuerung begrüßt, das habe ich immer wieder festgestellt! Sie wollen in einer guten Arbeitsatmosphäre ohne nervende Zwischenrufe und Gezeter ihren Klassenkameraden zeigen, dass sie mehr können, als andere meinen, und sind froh, dass sie nicht ausgelacht werden, wenn sie etwas Falsches sagen. In dieser Sache konnten sie sich voll auf mich verlassen. Es hat keiner gewagt, in meinen Klassen jemand lächerlich zu machen. Das wäre bitter geworden für ihn oder für sie, bei aller Fairness. Ich hätte dieses Kind sofort darauf angesprochen, ob es sonst nichts zu bieten hat außer Beleidigungen und dummem Geschwätz. Man kann auch mit fairen Mitteln jemand zurechtweisen und ihm sein „beratungsresistentes" Verhalten vor Augen führen, glasklar! Da hat mich manchmal ein „heiliger Zorn" gepackt! Provozierende dümmliche Störer haben es bei mir nicht mehrmals versucht, womöglich haben sie ihr „Mütchen" woanders kühlen müssen, das konnte ich nicht verhindern. Eine Wut hat mich trotzdem gepackt, wenn einige sich bei Kolleginnen und Kollegen schlechter benommen haben.

Manche, die von der Waldorfschule zu uns kamen, waren begeistert, denn dort hatten sie keine solche Lehrerführung kennengelernt und sie waren wohl noch nicht reif genug, sich völlig selbstständig und ohne Benotung den Unterrichtsstoff zu erarbeiten.

Schülerstatements wie: „Bei Ihnen lernt man wenigstens etwas“ habe ich mit Freude gehört.

Man kann als Lehrer viel in den Unterricht einbringen und ich denke, das dürfen die Kids auch erwarten. Das Wissen und Können, das Engagement, die Begeisterungsfähigkeit des Pädagogen helfen den Schülern und vor allem die Schwächeren profitieren davon am meisten, so habe ich das erlebt. Wenn man am Ende der Realschule mit 16 oder 17 Jahren eine gute Wissensbasis hat und im sozialen Verhalten zumindest nicht ganz beratungsresistent war, wird der Tag kommen, an dem es Spaß macht, mit gestärkter Kraft und zunehmender Selbstständigkeit weiter in Richtung Abi oder Beruf zu gehen. Vielleicht hat der gemeinsame Unterricht für meine Jugendlichen einen hilfreichen Beitrag leisten können, weil man da auch einige „Zeitgenossen“ kennengelernt hat, denen man gerade nicht nacheifern wollte!

Gute Leute kommen ebenfalls besser zur Geltung, wenn dümmliche Störungen wegfallen. Selbstständiges Lernen darf allerdings kein Tabu sein, im Unterricht und bei den Hausaufgaben, die Stillarbeit sollte ihren Namen auch bei 30 jungen Leuten tatsächlich verdienen.

Dieser Unterricht für die komplette Klasse, für alle meine „Schäfchen“, ist für mich aus heutiger Sicht ein Schutz vor Chaos gewesen, vor unnötigen Fehlern, Dummheiten, Lächerlichkeiten, Umwegen, falschen Lösungen, jugendlichem Übermut und vor allem vor Mobbing, Auslachen und Schulfrust! Viele meinen, gerade in dieser Unterrichtsform sind die Störung und das Mobbing am häufigsten. Das ist nicht der Fall gewesen! Klar – für die Lehrkraft ist dieser Unterricht durchaus anstrengend, man hat innerhalb der Schulstunde keine Pause, nicht mal bei Klassenarbeiten, wenn man verhindern will, dass „abgekupfert“ wird. Zwei Dinge gleichzeitig zu beherrschen, ist Pflicht. Ein

Schüler sagt etwas, ein anderer stört. Du musst das Gesagte würdigen können und den Störer gleichzeitig ins Visier nehmen und im Notfall fair stoppen. Antizipieren wie beim Fußball. Das brauchst du nicht allzu oft machen, denn Schüler blicken schnell durch, dass der Lehrer hellwach und reaktionsschnell ist. Wenn die jungen Leute gut mitziehen und sich täglich verbessern, braucht ein Pädagoge keine Drogen, keinen Alkohol, keine Psychopharmaka oder endlose Schimpftiraden und Notendruck, um klarzukommen, und es ist auch kein Burnout zu befürchten. Erfolgserlebnisse auf „beiden" Seiten verhindern das!

Schüler aller Altersstufen können sich sehr wohl diszipliniert verhalten und sind auch leistungsbereit, wenn man sie fordert. Das habe ich bis 2016 selbst erlebt. Gemeinsam geht das besser. Einer sieht, dass ein frecher, vorlauter, bisher „beratungsresistenter" Kumpel plötzlich gut mitarbeitet, weil er mit einem Lehrer klarkommt, und schon hat man einen „Dopplungseffekt". Wie von Zauberhand arbeiten auch andere mit, die dem Dunstkreis der Leistungsverweigerung oder dem Stören nahestehen. Wenn der Lehrer dann noch vor der ganzen Klasse Humorvolles einstreuen kann, waren die Kids zufrieden.

Von Jahr zu Jahr verfestigte sich meine Überzeugung, dass in unseren Riesenklassen ein stark lehrergesteuerter Unterricht „in front of the people" für meine Schüler und mich das Beste war, um alle möglichen Probleme zu minimieren. Klar – ich kann nicht für andere Lehrkräfte sprechen, nur meine Erfahrungen wiedergeben.

Freie Räume, um differenzierten Unterricht durch „Auslagerung" aus dem Klassenzimmer in die Wege zu leiten, gab es nicht. Gruppenunterricht mit 32 Kindern hat oft bedeutet: acht Gruppen mit jeweils 4 Schülern. Bei Gruppeneinteilungen habe ich erlebt, dass manches Mädchen oder manche Jungs sagten: „Mit dem (oder der) will ich nicht in einer Gruppe sein!" Stress lass nach! Wertvolle Unterrichtszeit ging auch verloren durch komplizierte Vorbereitungsmaßnahmen, unverstandene Aufgaben, stundenlanges zermürbendes Auswerten, eine schwierige Benotung von Gruppenleistungen und ein fragwürdig übergestülptes Regelwerk oder – fast verständliche – Disziplinlosigkeiten der Kids.

Dann lieber nicht ständig aufteilen, selbst wenn bereits noch so viele Soziogramme in der Klasse erstellt wurden.

„Ruhe bitte“ durchs Zimmer zu brüllen, war mir fremd, höchstens mal: „So Leute, auf geht's!“ Wenn man als Lehrer etwas Interessantes zu bieten hat, kehrt automatisch Ruhe ein.

Es war für mich, wie gesagt, natürlich durchaus in Ordnung und sinnvoll, dass meine Schüler bei meinen Kolleginnen und Kollegen andere Unterrichtsstile und -formen kennenlernten. Ein wichtiger Beitrag zur Lebenserfahrung der Schüler. Einige Lehrkräfte beherrschten die Klaviatur vieler Unterrichtsmethoden. Vielleicht macht's auch der Mix, wenn am Ende alles gut werden soll. Als Student kannst du dir eventuell die Dozenten aussuchen, in der Schule werden die Lehrkräfte vom Rektorat gewissermaßen „zugeteilt“. Ich war immer froh, wenn mich eine neue Klasse „mit offenen Armen“ begrüßt hat.

## 10) Junge Menschen beurteilen

Noten haben einen hohen Stellenwert in allen Schularten, vor allem für berufliche Bewerbungen, ja sie können Weichen stellen für das „Schicksal" eines Menschen. Im Ruhestand habe ich Interessantes über Firmen gelesen, die bewusst Bewerbern mit schlechteren Noten eine Chance geben. Das scheint sich auszuzahlen. Erhöhte Anstrengungsbereitschaft und größere Firmentreue waren zwei positive Auswirkungen. Noten sollten meines Erachtens keine solch dominierende Rolle spielen. Es gibt auch Einser-Kandidaten, die bei anderen Lehrern oder Bundesländern nur im Mittelfeld der Benotung zu finden wären.

Ich möchte nur kurz auf meine Schülerbenotung eingehen, andere Themen waren mir wichtiger. Meine Benotungsleitlinien mussten immer „gläsern" sein, denn es gab für uns Lehrer einen „Transparenzerlass". Das war gut so!

Die A-Noten waren bei mir die schriftlichen Arbeiten, wie Aufsätze (bis zu vier Stunden) und Diktate oder ganzstündige Klassenarbeiten. Die sogenannten B-Noten stellten eine Sammlung der mündlichen Mitarbeit, gehaltener Referate, Kurztests und die Qualität der Hausaufgaben dar. Die Zeugnisnote setzte sich je zur Hälfte aus der A- und B-Note zusammen. Diese Notengebung galt bei mir in allen Fächern, die ich unterrichtet habe. Das gab ich auch in Elternabenden, den Klassenpflegschaftssitzungen und zu Beginn des Schuljahres allen Schülern bekannt.

Im Fach Sport machte ich Noten in der Leichtathletik, in möglichst vielen Mannschaftssportarten, im Geräteturnen und Fitnessbereich meiner Schüler. Im Schwimmen waren Benotungen in der technischen Ausführung des Brust-, Kraul- und Rückenschwimmens angesagt, Noten gab es sogar beim Wasserballspiel sowie beim Streckentauchen.

Die Kontrolle der gestellten Hausaufgaben habe ich ernst genommen und nach Möglichkeit Pluspunkte für gute häusliche Leistungen verteilt. Bei nicht gemachten Hausaufgaben habe ich einen kleinen Strafpunktkatalog geführt und beim dritten Strafpunkt die Note ungenügend in der B-Note des Schülers notiert. Alle wussten das.

Immer wieder habe ich als Anreiz meine notierten Pluspunkte vorgelesen, denn jedes Erfolgserlebnis und jede noch so kleine Bestätigung machen Freude und motivieren!

Natürlich wollten meine Schüler in gewissen Abständen ihren aktuellen Leistungsstand von mir wissen, das war tatsächlich spannend für sie. Ich habe ihnen gesagt, wer nicht will, dass die Mitschüler hören, wenn ich Noten vorlese, der melde sich bitte sofort, dem sage ich den „Notenstand" unter vier Augen. Jederzeit konnte ich auch Eltern Auskunft geben.

Die Vorbereitung auf Klassenarbeiten gerät bei einer intensiven Lehrersteuerung nicht zum Zufallsprodukt, wenn man Wert darauf legt, dass die schwächeren Schüler nicht resignieren. Zu großer Notendruck lähmt, das habe ich deshalb zu vermeiden versucht! Die Wiederholung des Stoffes – für alle – bietet den Schwachen eine zweite Chance. Die Rückgabe von Arbeiten oder Tests wird zu einer dritten Möglichkeit, den Lernstoff zu kapieren, ohne Zeitverlust, Raumwechsel und die üblichen weiteren Störfaktoren. Viele haben es geschätzt, wenn der Lehrer komplizierte Sachverhalte ein drittes Mal erklärt hat. Auch hier galt tatsächlich: die Schwächeren haben in diesen Wiederholungsstunden oft von den Guten profitiert.

Der geneigte Leser wird sich fragen, hat der Mann tatsächlich 40 Jahre lang in allen seinen Klassen auf Gruppen- und offene

Unterrichtsformen verzichtet? Nein, im Sportunterricht waren Gruppen und Teams an der Tagesordnung. Ein Satz von Friedrich Nietzsche passt für die Befürwortung der „Gemeinsamkeit“ ganz gut: „Die Tanzenden wurden für verrückt gehalten von denjenigen, die die Musik nicht hören konnten.“ Die herrliche „Musik“ des gemeinsamen sozialen Lernens im großen Team einer Klasse.

Schüler können in der für sie so wichtigen Benotung ganz gut vergleichen, wie der Lehrer Noten macht, wenn man ab und an erlaubt, dass zurückgegebene benotete Arbeiten, zum Beispiel Aufsätze oder Diktate, getauscht werden dürfen oder wenn man Mitarbeitsnoten offenlegt, denn alle waren ja dabei, körperlich anwesend und meine Ambition war es, dass sie auch mental anwesend waren.

Ich wollte den Schülern auf meine Weise helfen, sich zu verbessern, auch mit Ehrgeiz innerhalb der Großgruppe. Oft dachte ich bei mir, es ginge auch ohne Noten, junge Leute zu „beurteilen“. Viele Schüler wollten allerdings wirklich wissen, wo sie „notenmäßig“ stehen!

Die Gefahr, manche „Überflieger“ in einer Großgruppe zu unterfordern, war meines Erachtens nicht gegeben. Diejenigen haben ihren Weg zum Gymnasium, von der Leistung und den Noten her gesehen, gut geschafft und konnten in vielen gemeinsamen Stunden „glänzen“.

Noten und Unterrichtsmethoden verlieren im Rückblick – aus meiner heutigen Sicht als Pensionär – ihre Bedeutung! Wichtiger war wohl, ob ich es geschafft habe, meinen Schülern Hilfe zur Selbsthilfe zu geben, sie in die Lage zu versetzen, mit Offenheit und Fairplay ihr Leben im rauen Alltag und im Berufsleben zu meistern! Vielleicht bekomme ich noch mehr Rückmeldungen, wenn meine ehemaligen Schülerinnen und Schüler dieses Buch gelesen haben.

Manchmal denke ich im Ruhestand: Arme Schüler, was habt ihr – als Versuchskaninchen – schon alles an Experimenten ertragen müssen? Und wer weiß, was noch kommen wird?

Das große Allheilmittel E-Learning?

Kann das Arbeiten und Lernen am Computer und am Smartphone den Lehrer überflüssig machen? Ich glaube das nicht, wenn ich sehe, wozu diese modernen „Gerätschaften" von vielen Heranwachsenden momentan genutzt werden. In unseren Computer-Räumen waren manche fachfremden Lehrkräfte überfordert. Software und Hardware weigerten sich zu funktionieren, wenn man den Computer mit einem belegten Brötchen „fütterte". Auch Ablenkungen und „Verlockungen" sind nur schwer in den Griff zu bekommen.

Einmal hatten wir in den achtziger Jahren ein Englisch-Sprachlabor bekommen. Teuer, technisch auf dem neusten Stand, individuelles Lernen per Kopfhörer, die Lehrkraft an einem großen Regiepult. Nach ein paar Wochen fehlten die ersten Kabel, nach ein paar Monaten erkannten die Englisch-Lehrer, dass die Sache mit der englischen Sprache keine Fortschritte machte, sondern eher Rückschritte, irgendwie funktionierte das nicht. Experiment gescheitert. Notengebung schwierig, wohl fast unmöglich? Gut, dass ich damals nicht Englisch unterrichten musste. Abbau. Bald wieder ein „normales" Klassenzimmer.

Werden in naher Zukunft digitale Lernspiele im Unterricht, sogenannte „serious games", die Lösung für das störungsfreie Lernen sein und die Benotung objektiver gestalten? Dieses Lernen soll ja auf spielerische Art und Weise Wissen und Fertigkeiten vermitteln. Warum nicht, das könnte ich mir vorstellen!

Mein Enkelkind nimmt von mir nicht so gern langatmige Erklärungen an, schon eher ist er bereit, was zu tun, wenn ich ihm ein Lernprogramm am Computer vorbereitet habe. Da geht er gern darauf ein, wenn es möglich erscheint, durch sinnvolle Vorbereitung eine gute Aufsatz- oder Grammatik-Note zu schaffen. Kürzlich hat er bei der Vorbereitung der Aufsatzform Bildergeschichte selbst eine Seite gefunden, in der eine Realschulklasse eine tolle Bildergeschichte in Form einer Reportage ins Netz gestellt hat. Jedes Bild wurde in gutem Deutsch beschrieben.

Im Berufsleben werden alle Erwachsenen „bewertet" oder „benotet", wenn sie sich bewerben, die Firma wechseln oder die Karriereleiter erklimmen wollen. Man hört oft von vorformulierten Bewertungen, die nur Insider richtig „deuten" können. Ist das fair?

## 11) Wertschätzung und Wohlfühlfaktoren

Das Wort Wohlfühlfaktor hat mir mein Computer mit roter Wellenlinie unterstrichen, offensichtlich kennt er es nicht. Komisch. Ein Feedback meiner ehemaligen Schüler würde mich in diesem Zusammenhang am meisten interessieren, ob sie sich in meinem Unterricht wohlgefühlt haben. Sich wohlfühlen in der Schule, ist das überhaupt möglich? Ich habe mich in meinem Beruf wirklich sehr wohlgefühlt. Die Anzahl meiner Fehltage tendierte nachprüfbar gegen null in 40 Jahren.

Im Lauf der Zeit habe ich mich immer besser gefühlt, vielleicht auch, weil ich in meinen Fächern weitgehend auf den Einsatz von Technik verzichtet habe. Man ist unabhängiger und unterrichtet störungsfreier, kann sich mehr um die jungen Leute kümmern. Eine große Tafel im Klassenzimmer war mir immer ein guter zuverlässiger Helfer, fast mein „Partner". Die gute alte Kreide brachte ich von Zuhause mit, damit ich nicht ständig beim Hausmeister fragen musste, weil „ein Weltmeister" – so nannte ich manchmal gewisse Schüler – sie aus dem Fenster geworfen hatte. Genau so habe ich in meiner Sporttasche eigene Maßbänder, Stoppuhren, einen Hammer für die Startblöcke mitgeführt, denn wenn du in der Schule was gesucht hast, war oft nichts zu finden.

Wenn man sich wohlfühlen will, muss man jeden Tag etwas dafür tun, manchmal genügen schon Kleinigkeiten. Jedenfalls wollte ich nicht von der Technik oder fehlender Ordnungsliebe anderer abhängig sein. Im Sinne von Reinhard Mey, der in einem seiner Texte hervorhebt, dass es guttut, wenn Lieder handgemacht sind und nicht von zu viel technischem Firlefanz erdrückt werden. Sicherlich gibt es Fächer, wo das anders aussieht als in meinen.

Geschwärmt habe ich vor einigen Jahren von einer „Video-Wand“ in der Größe einer doppelten Klassenzimmer-Tafel, die uns eine Firma im Lehrerzimmer vorgeführt hat. Drauf tippen, der blaue Planet dreht sich übergroß am Riesenbildschirm, zahlreiche Zusatzfunktionen ermöglichten es, zu zaubern und das Wissen der Welt hautnah ins Klassenzimmer hereinzuholen. Hätte meine Tafel und den Overhead-Projektor ersetzen können. Hätte meinen Unterricht supermodern „rübergebracht“. Hätte, hätte, Fahrradkette! Wäre dann mein Unterricht zu einem gewissen Teil vom Computer übernommen worden, dem „großen Bruder ohne Empathie“? Wahrscheinlich war es für mich persönlich besser, dass dieses „Zauberding“ an meiner Schule nicht angeschafft wurde. Andererseits benutzt hätte ich das wahrscheinlich schon und vielleicht Gefallen daran gefunden. Unterricht wie an der Universität?

Beim Thema Wohlfühlen fällt mir eine Zeitungsschlagzeile ein, die mir vor kurzem aufgefallen ist: „Wohlfühloase Nationalmannschaft“. Bundestrainer Löw hat es geschafft, verunsicherte Stars im Nationalteam wieder aufzubauen, ihnen Mut zu machen, um ihr Leistungspotential wieder abrufen zu können. Die Weltmeisterschaft in Brasilien war die Belohnung.

Mir machte es jedenfalls jahrzehntelang Spaß, fast wie ein „Dirigent“ eines Orchesters, bei allen meinen „Mitwirkenden“ im Klassenunterricht das Beste herauszuholen: im direkten Kontakt. Ich glaube, das Wort Dirigent oder Moderator trifft es gar nicht so schlecht, wie ich unterrichtet habe. Ich hatte nie Probleme damit, im Mittelpunkt des Unterrichts zu stehen, jawohl zu stehen, nicht zu sitzen! Sitzen hätte nicht zu mir und meinem Temperament gepasst, da wäre meine Sorge zu groß gewesen, dass sich das Wort von der „Penne“ eingeschlichen hätte! Wohlfühlen sollten sich die Kids schon, aber nicht einschlafen.

Gut – manchmal war ich etwas ungeduldig – aber ich meine, das war besser, als alle zu langweilen! Du kannst nicht immer auf den „Letzten" warten. Aber selbst ganz Langsame haben noch Chancen bekommen und wurden nie ausgelacht, dafür konnte ich sorgen.

Gemeinsames Arbeiten im großen Team, eine echte Nähe zum Lehrer, fast eine Art „Nestwärme" wollte ich ermöglichen, weil ich glaube, erkannt zu haben, dass menschliche Wärme ein starker „Helfer" gegen seelische Erkrankungen ist und überhaupt erst echte Freude ermöglicht. Die Psyche ist schnell angekratzt, wenn es auf menschlichem Sektor nicht stimmt. Als Lehrer habe ich jedenfalls kein Magengeschwür bekommen und auch Burnout-Gedanken blieben mir fern, auch wenn es manchmal noch so anstrengend war. Oft habe ich mir Probleme im Unterricht von der Seele geredet, die Schüler haben gelauscht – ich denke, es war bei meinen Ansprachen einiges dabei für ihr späteres Leben! Ich habe mich regelrecht „freigesprochen" und mich wohlgefühlt dabei. Schüler brauchen einen Menschen, auf den sie sich verlassen können, dem sie vertrauen. Ich glaube, auch in der Politik ist das so. Bei Wahlen steht nach meiner Einschätzung eher die Person im Mittelpunkt und dann erst das Parteiprogramm. Daher meine These für guten Unterricht: Schüler nehmen von verständnisvollen Lehrern eher „etwas an".

Ich wollte das Miteinander pflegen. Die Kinder sollten keine Duckmäuser werden, keine stillen Dulder, sie mussten sich von mir auch immer wieder Beispiele in Sachen Zivilcourage anhören! Das kannst du nur im kompletten Klassenteam besprechen und nicht jedem Einzelnen zuflüstern. Kraftvoll die schweigende Mehrheit aufrütteln! Meine Fächer Deutsch, Geschichte, Gemeinschaftskunde und Religionslehre waren gut geeignet, um den Kindern in vielen Unterrichtsstunden einen Hauch von

Geborgenheit zu geben. Passende Texte gab es in Hülle und Fülle, bestens geeignet, um die Meinungsbildung der Kinder auf den Weg zu bringen. Vielleicht klingt das anmaßend, aber im Laufe der Jahre hatte ich den Eindruck, dass sich Schüler ohne Druck und mit Freude auf Unterrichtsstoff einlassen, wenn sie sich wohlfühlen und angenommen wissen.

Nach einer Dankesrede als damaliger Mannschaftskapitän meines Fußballclubs in der Aufstiegsfeier der siebziger Jahre meinte einer, ich hätte Pfarrer werden sollen. Lehrer war mir lieber.

Nochmals zu den schwächeren Schülern: Sie können tatsächlich von den Guten profitieren, wenn man es schafft, dass die Letztgenannten nicht als Streber oder Schleimer beschimpft oder verunglimpft werden. Wenn man das nicht erreicht, wird aus dem Wohlfühlfaktor eventuell ein Horrortrip.

Ich habe in meiner aktiven Fußballzeit unheimlich profitiert von einigen hervorragenden Mitspielern. Sie haben mich beflügelt und mein Leistungsvermögen verbessert. In einem guten Team will jeder mitspielen. Genauso ist das in der Schule möglich.

Positives Verhalten kann man in einer Großgruppe gut einstudieren, es sollte nicht mit Druck, sondern mit Lockerheit, mit Freude und trotzdem ernsthaft geschehen.

Da ich mich im Unterricht nicht hingesetzt habe – es sei denn bei vierstündigen Aufsätzen –, erkannte ich blitzschnell die „Experten", welche andere Dinge im Schilde führten, Störfeuer beabsichtigten, Gossensprache einführen wollten oder noch gern die Hausaufgaben für die nächste Stunde unter der Bank abgeschrieben hätten. Immer wieder galt es, schnell, manchmal blitzschnell, vernünftige Gegenmaßnahmen zu finden, nur fair sollten diese sein. Viele kann man einfach mit der Vernunft und Humor packen, bei wenigen ist auch mal Lautstärke nötig. Im Fußball erlebe ich zurzeit als Zuschauer, dass Anfeuerung bei den Spielern Wunder wirken kann, auch bei meinem Enkelkind. Pädagogische „Anfeuerung" gelingt auch im Klassenzimmer.

Ich wollte auch nicht ständig zum Kopierer gehen, um Klassen mit dem Ausfüllen von Zetteln und Blättern ruhigzustellen. Die Schüler füllen Lückentexte aus, die Lehrkraft korrigiert in der Zwischenzeit die Aufsätze oder Diktate einer anderen Klasse. Da hätte es mich zerrissen. Es soll Schüler geben, die an dieser „Zettelwirtschaft" verzweifeln und nichts mehr „checken". Es darf meines Erachtens nicht sein, dass gute Schulbücher kaum noch Verwendung finden!

Zeitweise musste das Kopieren an unserer Schule limitiert werden und der Rektor fragte einmal in einer Konferenz die Lehrerschaft, ob diese Flut von Kopien wirklich notwendig sei. In späteren Jahren gab es kein Halten mehr, der Kopierer qualmte, die Schulleitung hatte aufgegeben, Limits zu setzen. Schulbuchverlage mussten darauf hinweisen, dass nicht alles erlaubt ist und es Urheberrechte gibt.

An unserer Realschule hatten wir eigentlich immer große Klassen um die 30 Schüler, mein persönlicher „Rekord" als Klassenlehrer stand bei 33 Schülern. Eigentlich war die Zahl 32 das Limit, aber meine Schulleiterin fragte mich damals, ob ich ausnahmsweise noch den dreiunddreißigsten Schüler aufnehmen könnte. „Nein sagen" war noch nie meine Stärke und so geschah es. Kann man sich da noch wohlfühlen? Ja, man kann! Man wächst tatsächlich mit seinen Aufgaben! Es war ein schönes Schuljahr, denn ob du 23 oder 33 Schüler motivieren musst, machte für mich irgendwann keinen Unterschied mehr! Schwächere wurden nicht fallen gelassen.

Herausforderungen anzunehmen war ich schon als Sportler und Fußballspieler gewohnt, denn ich habe zwischen dem 10. und 40. Lebensjahr manch hartes Training und viele herausfordernde Wettkampfsituationen mitgemacht. 800 Spiele sind es geworden für meinen Club.

Für meine spätere Entwicklung war es auch gut, dass mich unser Dirigent als junger Sänger im Kinderchor 1960 gebeten hat, als Solist zu singen. Lang, lang ist's her. Es verlangte damals viel Mut, auf die Bühne zu gehen. Mann, war ich aufgeregt vor den Konzerten, als ich mit meinen zehn Jahren zusammen mit einer fast gleichaltrigen Partnerin ans Mikrofon gehen musste. 500 Zuhörer im Festzelt. Nervenprobe. Ich habe mit Gänsehaut erlebt, wie gut Beifall tut! Das macht dich stark und gibt dir Selbstvertrauen. Vor kurzem habe ich im Scherz zu meiner damaligen Partnerin gesagt: „Jetzt gehen wir auf die 70 zu, es wird Zeit für ein Comeback!" Später wurde die Sache mit dem Lampenfieber besser. Als Erwachsener hatte ich bei Ansprachen oder gesanglichen Auftritten immer weniger Probleme und meine Frau bemerkte manchmal scherzhaft: „Ihr müsst ihm das Mikrofon wegnehmen, sonst hört er nicht mehr auf."

Sport und Gesang waren mir eine große Hilfe, um als Lehrer bestehen zu können, belastbarer zu werden und den Jugendlichen ein Gefühl vermitteln zu können, dass der Lehrer sie nicht so schnell fallen lassen wird.

Es fiel mir schon immer sehr schwer, mich zurückzunehmen, das muss ich zugeben. Oft hatte ich die Sorge, dass mir dann mein Unterricht entgleiten könnte. „Du bist nicht der Nabel der Welt", hat mein Sohn kürzlich zu mir gesagt. Recht hat er. Man sollte sich selbst nicht so wichtig nehmen. Ein erfahrener Jurist meinte: „Hör doch endlich auf, die Welt retten zu wollen." Ja, im Ruhestand muss ich endlich lernen, mich nicht überall einzumischen und mich stattdessen mehr zurückzunehmen. Ich sollte meine Kinder und Enkel auch nicht mit meinen Sorgen belasten, schon gar nicht mit meinen Bedenken zum aktuellen Bildungssystem. Zuversicht und Optimismus sind besser als „Totengräberstimmung". Meine Tochter hat mir in dieser Hinsicht durch ihr offenes fröhliches Wesen schon viel geholfen. Allerdings – meine Lehrerzeit lässt mich einfach noch nicht los.

Beim Stichwort Wohlfühlfaktor erinnere ich mich auch sehr gern an gewisse schulische Highlights, z. B. die Bundesjugendspiele, bei denen ich mit einem Megaphon und später mit einem Verstärker und Mikrofon durchsagen durfte. In den siebziger Jahren fanden diese Events noch an einem Samstag statt und einmal war unser Verstärker so laut eingestellt, dass ich von unserem Schulsportplatz aus das halbe Dorf aufgeweckt bzw. beim Frühstück erschreckt habe, mit der Durchsage: „7 Uhr 55 in Deutschland, Klasse 7b nun bitte zum Weitsprung kommen!" „Voll der Spaß", würde man heute sagen!

Freude in der Schule und sich wohlfühlen im Unterricht waren mir vergönnt. Kinder spüren das und nehmen recht gut an, dass man sie zur Offenheit, zur Zivilcourage, zur Mitmenschlichkeit, zur Leistungsbereitschaft hinführen will und deshalb auch nicht zu viel Fachwissen in die Köpfe hämmern sollte, stattdessen galt es, den Überblick zu behalten. „Weniger ist oft mehr" in unserer reizüberfluteten Zeit. Das war meine Devise. Mit Freude in den Unterricht gehen, das steckt an. Vorbildfunktion annehmen. Viel mit den Schülern sprechen, ihre Sorgen ernst nehmen.

Versagensängste abbauen. Strafen vermeiden. Ob man es mir glaubt oder nicht: Ich habe in meinen 40 Lehrerjahren nur ganz selten Strafen aussprechen müssen. Eigentlich so gut wie nie. Die berühmten Klassenbucheinträge, die Schüler gewissermaßen „an den Pranger" stellten, waren mir fremd. Ich habe höchstens mal neben dem Unterrichtsstoff eingetragen: „Die Klasse hat heute sehr gut mitgearbeitet." Das war beispielsweise in meinen vielen Vertretungsstunden der Fall. Es galt auch immer, Überforderungen zu sehen und darauf zu reagieren, manchmal mit

Einzelgesprächen und auch mit der Einbeziehung von Kolleginnen und Kollegen. Eigentlich musst du ständig „Hilfestellung“ geben, nicht nur im Sportunterricht!

Die Schüler und Eltern waren froh, wenn man sie mit „blauen Briefen“ und „Hiobsbotschaften“ in Ruhe ließ, schließlich haben sie genug Sorgen und sind dankbar, wenn es im Unterricht gut läuft und sie nicht in der Schule zum peinlichen Gespräch „vortanzen“ müssen! Eltern- und Schülerzufriedenheit: ein großer Maßstab für jeden Pädagogen.

Ich war immer der Meinung, wir müssen Probleme im Klassenzimmer klären. Obwohl meine Schüler wohl zuhause nicht allzu viel erzählt haben, so doch zumindest, dass man mit mir ganz gut auskommen konnte. Natürlich darf man bei aller Erziehungsarbeit den Leistungsgedanken nie aus den Augen verlieren. Ich meine aber gelernt zu haben, dass jedwede Leistung nur gelingen kann, wenn die Arbeitsatmosphäre im Unterricht stimmt.

„Wo bleibt das Positive, Herr Kästner?“ Selbst beim kritischsten Gedicht oder Text habe ich mit meinen Klassen noch versucht, die Tristesse, Verzagtheit, Depression und den Pessimismus mancher Autoren nicht ohne Weiteres stehen zu lassen. Wir haben uns gefragt: Gibt es nicht auch eine andere Sicht auf das Problem, welches der Dichter hier anspricht? Eine positive, optimistische Seite bei aller berechtigten Kritik? Schüler fühlen sich wohler, wenn sie nicht pausenlos Negativem und Kritischem ausgesetzt sind. In den siebziger und achtziger Jahren habe ich eine Tendenz in der Schule gespürt, alles Mögliche kritisch zu hinterfragen und es in die „reaktionäre Ecke“ zu stellen. Wie ist das heute?

Der Blick in die Realität der Alltags- und Arbeitswelt kam an unserer Realschule in vielen Fächern nicht zu kurz und ich konnte meinen Schülern klarmachen, dass es ein lohnenswertes Ziel ist, eine gute Realschulabschluss-Prüfung, die „Mittlere Reife“, anzustreben und zu bestehen. Unser Betriebspraktikum für Klasse 9 wurde von Kolleginnen und Kollegen wochenlang gut vorbereitet und auch die Auswertung wurde sehr ernst genommen. Realschüler erhielten immer einen Ausbildungsplatz. War das nicht auch ein Wohlfühlfaktor, der nachhaltig gewirkt hat? Ich glaube schon, denn das hat sich herumgesprochen!

Gymnasien haben lang gebraucht, um den Wert einer guten Berufsvorbereitung zu erkennen. SEW Eurodrive, ein Unternehmen mit Weltruf, nahm viele unserer Realschüler in Ausbildung. In einem Interview dieser Firma war zu lesen, dass man zwar auf die Zeugnisse schaut, aber nicht die Besten auswählt, sondern die Geeignetsten, die auch von der Persönlichkeit ins Unternehmen passen sollen. Man sagte auch unseren Schulabgängern, dass Arbeit nicht immer Spaß machen kann, es wird Leistung erwartet. Diese Firma, die gerade in Bruchsal und Graben-Neudorf gigantisch investiert, übernimmt alle nach ihrer Ausbildung: ein bedeutsamer Wohlfühlfaktor!

Die Realität in Form von aktuellen Nachrichten ins Klassenzimmer zu holen, verhinderte allein schon ein altertümliches, verstaubtes Unterrichten. Anhand eines aktuellen Satzes aus der Politik oder der Arbeitswelt verstehen die Kinder selbst die Grammatik besser: Wortarten, Satzteile und Kommaregeln. Im Unterrichten aktueller Gegebenheiten, die jeder Lehrplan zulässt, habe ich mich als Lehrer immer am wohlsten gefühlt.

Jahrelang war „unser Tisch“ im Lehrerzimmer eine interne pädagogische Basis, ein Ort zum Atemholen, um sich auch außerhalb des Unterrichts wohlzufühlen. Wir „Ehemalige“ treffen uns heute noch in regelmäßigen Abständen und tauschen uns aus. Manchmal schaffen wir es sogar, ein Lied zu singen. Wow.

Wohlgefühlt habe ich mich auch, wenn „meine" Klassen bei der Abschlussfeier auf der Bühne im großen Bürgerhaus in Linkenheim Preise für gute Leistungen in Empfang nehmen konnten. Es war einer der schönsten und erfreulichsten Tage meines Lebens, als meine 10. Klasse einmal neun Preise erhielt, darunter waren sage und schreibe sechs Jungs! In vielen Klassen kassieren die jungen Damen die Preise ab und die Jungs stehen gesenkten Hauptes daneben. Das muss nicht sein! Vor Freude habe ich meinen Schülern vor 400 Anwesenden ein „Abschiedslied" gesungen.

Nach Jahren hat mich dann eine dieser erfolgreichen Schülerinnen bei einem Straßenfest angesprochen und gefragt, weshalb ich auch anderen Klassen später noch ein Lied zum Abschied gesungen hätte, da ich ihnen doch versprochen habe, nur einmal, speziell für sie zu singen. Ich sagte zu ihr: „Man möge mir verzeihen, aber es gab auch nach euch noch sehr gute Schüler, auf die ich als Klassenlehrer sehr stolz war und das unterstreichen wollte. Mein Gott, ich sing' halt gern."

Im Laufe meiner Lehrerzeit musste ich sehr viele Vertretungsstunden für erkrankte Kolleginnen und Kollegen halten. Wer immer da ist, den „bestraft" der Vertretungsplan, dennoch war ich immer froh über meine stabile Gesundheit. So etwa nach 20 Jahren – wenn ich mich richtig erinnere – musste ich mit einer kleinen Krise kämpfen, denn ich fragte mich damals, ob ich dieser Belastung mental nochmals weitere 20 Jahre gewachsen sein würde. Irgendwie überkam mich eine Nervosität im Unterricht. War es ein „Luftholen" für die zweite Halbzeit? Ich grübelte auch darüber nach, ob ich vielleicht zu dominant gewesen war. Ich spürte damals auch die Belastung, in meiner Freizeit noch ehrenamtlicher Vorstand meines Sportvereins zu sein. Oder war es die Lehrer-midlife-crisis? Vom Fels blieb für eine gewisse Zeit nur noch die Brandung. Auch nach langen, zermürbenden Konferenzen verspürte ich später eine Unzufriedenheit, die man mir immer angesehen hat.

Die Bestätigung und die gute Mitarbeit meiner Klassen brachten mich relativ schnell wieder ins „Gleis“ zurück und versetzten mich in die Lage, meine Arbeit weiterhin positiv anzupacken, im Sinne meines Lebensmottos: „Alles wird GUT.“ Ich frage mich heute im Rückblick mehr denn je: Hat der Wohlfühlfaktor bei meinen Schülern eine Rolle gespielt? Ich hoffe es.

## 12) Vertrauensvolle Atmosphäre schaffen

Vertrauen aufbauen kann der Lehrer durch Verlässlichkeit, Kontinuität und eine spürbare positive Einstellung gegenüber seinen Schülern.

Bereits die morgendliche Begrüßung sollte herzlich und optimistisch sein.

Man ist es seinen Schülern schuldig, dass man sie ernst nimmt.

Bei mir begann das mit einem respektvollen Willkommensgruß.

Kein Nuscheln oder unverständliches Flüstern, natürlich auch kein militärisches Gehabe. Mit dem goldenen Mittelweg bin ich gut gefahren.

„Guten Morgen, Klasse 10“, habe ich in den Saal gerufen, um den Mädchen und Jungs vor Augen zu führen, jetzt beginnt der Unterricht, wir sind in der Endspurtphase, haben die Abschlussklasse der Realschule erreicht. „Guten Morgen, Herr Hengst“, kam es ohne Albernheiten und recht gut hörbar zurück. Man sollte auch bei jüngeren Schülern keine „kindische“ oder weltfremde Begrüßung verlangen oder akzeptieren. Kein Gegengruß der

Klasse ist allerdings für mich nicht in Ordnung und ein schlechter Start in den Unterricht. Es soll Lehrkräfte geben, die werden gar nicht beachtet, wenn sie ins Zimmer kommen. So hätte ich nicht beginnen können. Missachtung und Ignorierung sind ein schleichender Burnout-Nährboden! Im Film „Fack ju Göhte", dessen dritter Teil bald in die Kinos kommt, begrüßt der obercoole Lehrer seine renitenten Schüler mit Farbkugel-Geschossen im Schulhof. Eher nicht empfehlenswert.

Im Endspurt meiner Lehrerzeit habe ich meine Klassen mit einem Lied begrüßt und eigentlich nicht erwartet, dass die Schüler musikalisch zurückgrüßen.

Bariton, selbstverfasste Melodie: „Guten Morgen, guten Morgen, guten Morgen Klasse 5." Schon bei meinem zweiten Versuch erklang es mit der richtigen Melodie: „Guten Morgen, guten Morgen, guten Morgen, Herr Hengst." Hat Spaß gemacht. Fröhlicher Unterrichtsbeginn.

Manchen Jungs, die mich „in wilden Klassen" – in denen ich auf das Singen verzichtet habe – manchmal wegen meiner recht deutlichen Begrüßung mit Aufforderungscharakter militärisch zurückgegrüßt haben, sagte ich: „Wir sind hier nicht bei der Bundeswehr, aber auch nicht in der Clownschule."

Ein freundlicher, gut hörbarer Willkommensgruß war für mich wichtig als Signal: Der Lehrer ist hier, es kann und wird jetzt losgehen!

Echtes Vertrauen kann nur wachsen, wenn man sich in Krisensituationen bewährt. Einer der Jungs „stellt was an" und will die Grenzen testen. Wie reagiert der Lehrer, wie ist seine Frustrationstoleranz?

Hier ist oft Humor gefragt, manchmal aber auch Härte. Patentrezepte gibt es nicht! Fingerspitzengefühl „paart" sich zunehmend mit wachsenden Erfahrungswerten. Es sei vor Überreaktionen gewarnt!

Wichtig erschien mir immer die Begründung meines Handelns als Lehrer. Dafür habe ich die eine oder andere Unterrichtsstunde „geopfert", weil es um wichtige erzieherische Elemente ging. Das hat sich bewährt. Du kannst nicht unterrichten, wenn es am Notwendigsten – sprich fairem Verhalten und der Disziplin – fehlt.

Man merkt schnell, wann einige mit Tricks und Kniffen darauf aus sind, Unterrichtszeit zu „schinden", und muss dann knallhart auf bereits Besprochenes verweisen! Bis zum „Erbrechen" kannst du nicht alles erklären. Es gibt nicht nur lustige Schüler, sondern auch listige!

Schüler sollten dem Lehrer wirklich vertrauen können, aber auch merken, dass man ihn nicht so schnell aus dem Konzept bringen kann. Durchsetzungsvermögen ist immer wieder gefragt, bitte mit Fairplay.

„Ich bin nicht auf der Mehlsuppe daher geschwommen", habe ich ab und zu gesagt oder auch mal klipp und klar: „Der Chef bin ich!" Selbst dieser Satz „Marke Sonnenkönig" muss keine Vertrauenskrise zwischen den Schülern und der Lehrkraft auslösen, denn die schweigende Mehrheit der Klasse ist sehr dankbar, wenn man den Hauptstörenfrieden damit die Chance nimmt, den Unterricht zu sabotieren. Klarheit mit einer Prise Humor wurde von den Meisten positiv wahrgenommen.

Immer wieder habe ich festgestellt, dass genau die „harten Jungs" mir später sehr dankbar waren und Vertrauen zu mir aufbauten, weil sie merkten, der Klassenlehrer will mir helfen, dass ich nicht durch meinen jugendlichen Leichtsinn in Form von Störaktionen „ins Abseits" gerate oder gar von der Schule fliege!

Wahrscheinlich haben diese Jugendlichen auch gemerkt, dass sie bei mir keine Chance hatten, ihre Störaktionen und das Mobbing-Generve, welches durchaus kreativen Charakter hatte, locker und ohne Gegenreaktion durchzuziehen.

Vor kurzem bin ich mit einem jungen Mann ins Gespräch gekommen, dem ich erzählte, dass ich gerade ein Buch über meine Lehrerzeit schreibe. Er berichtete mir, dass er Schüler einer Realschule war und er sich jetzt mit fast 40 Jahren am liebsten für seine Dummheiten bei seinen damaligen Lehrern entschuldigen würde. Gut, diese Chance sollte man wahrnehmen. Am besten wäre es, wenn er seine alte Schule besuchen würde und in einer 5. oder 6. Klasse seine Story erzählen könnte. Die Kleinen würden sicher ganz aufmerksam zuhören.

Vertrauensbildende Maßnahmen sind tausendfach im Unterricht, im Sport, in der Pause, bei Ausflügen und Schullandheimaufenthalten möglich. Das ist eine wirklich schöne Seite des Lehrerberufs.

Langeweile gibt es nicht im Lehrerjob! Chancen, vieles ins Positive zu wenden, ergeben sich in üppigster Weise Tag für Tag! Wenn man sie nutzt, wird man belohnt. Wirklich. Freude statt Burnout.

A apropos „Lehrerjob": Das Wort Job passt nicht zum Lehrerberuf, es hat etwas Fahriges an sich. Man sollte mit Herzblut jeden Tag angehen, mit „pädagogischem Eros", wie ein Kollege im Lehrerzimmer es einmal formuliert hat. Beruf – Berufung! Sonst wird es sehr schwer mit einem Vertrauensverhältnis, noch dazu mit freudvollem Charakter.

Wenn ich eine Klasse aus verschiedenen Gründen über einen längeren Zeitraum nicht mehr unterrichtet habe, konnte ich feststellen, dass der Einfluss schwieriger Freunde oder anderer schlechter Vorbilder einzelne Jungs oder auch Mädchen in ihrem Verhalten wieder zurückgeworfen hat.

Dann heißt es als Lehrer: nicht resignieren, sondern weiterkämpfen und Vertrauen zurückerobern.

Gerade habe ich wieder einmal zwei ehemalige Schüler getroffen, Vater und Sohn. Den Vater habe ich in Sport unterrichtet, seinen Sohn in Deutsch. Beide haben mich im Baumarkt angesprochen und mir gesagt, dass ich ihr Lieblingslehrer war. Im vertrauensvollen angenehmen Gespräch habe ich ihnen erzählt, dass ich meine E-Mail-Adresse für Rückmeldungen meiner Ehemaligen und aller Leser veröffentlichen möchte. Beide hielten das für eine gute Idee. Ich denke, dass ich dann die ungeschminkte Wahrheit erfahren kann, wie das mit dem Vertrauensverhältnis wirklich bestellt war.

## 13) Was ist cool?

„Cool" war lange Zeit ein viel beachtetes Wort, für manche Kids ein unheimlich wichtiger Begriff. In letzter Zeit höre ich häufiger „geil" oder von Dieter Bohlen „megageil", auch „geiles Himmelblau" gibt es in Songs.

Cool stand oder steht wohl für Lässigkeit, für „Regel-Lockerheit", aber auch für Kraft, für Unabhängigkeit von Eltern oder dem „Establishment".

Lässiges Auftreten, die Kleidung, pardon, die „Klamotten" haben cool zu sein.

In unserer modernen Gesellschaft zählen ja leider die inneren Werte eines Menschen oft weniger als die „äußeren", sprich: Geld, Macht, Einfluss, Auto, Boot und Villa ...

In der Schule – das ist meine Erfahrung – legen viele Jugendlichen mehr Wert auf Zuverlässigkeit und Ehrlichkeit. Ich denke, das ist die wahre Coolness, obwohl das kaum einer offen sagen würde, weil er befürchten muss, ausgelacht zu werden. Für Ehrlichkeit und Offenheit bin ich nie von meinen Schülern kritisiert oder belächelt worden! Im Gegenteil, man gewinnt an Anerkennung. Heutzutage habe ich den Eindruck, dass Ehrlichkeit ein Tabu-Wort geworden ist. Braucht man nun eher Schlechtigkeit, Gerissenheit, Falschheit, um ans Ziel zu kommen, oder Gewaltbereitschaft? Frei nach dem Spruch: „Ehrlich währt's am längsten!"

Nie habe ich zugestimmt, wenn Erwachsene ständig behauptet haben, dass „die heutige Generation immer schlimmer wird". Das stimmt nicht. Vor 40 Jahren haben sich manche schwierigen Schüler mehr „erlaubt" als heute! Ich denke, schon immer wollte eine kleine Minderheit mit üblen Mitteln der schweigenden Mehrheit den Schneid abkaufen, selbst mit Gewalt.

Sokrates hat schon 400 vor Christus festgestellt, dass die Jugend ihre Lehrer tyrannisiere und keinen Respekt mehr habe. Ich wollte nie in dieses Jammern einstimmen!

Cool fanden es einige Schüler vor ca. 15 Jahren, sich mit dem Wort „Arschloch" zu begrüßen. Ein „Obercooler" hatte das in der Klasse eingeführt. Im Sportunterricht habe ich das so sattgehabt, dass ich ankündigte, vier Wochen den geliebten Sportunterricht ins Klassenzimmer zu verlegen und dafür notwendige Rechtschreibübungen anzusetzen, wenn man nicht ab sofort diese furchtbare Ausdrucksweise beendet. „Ich will eure richtigen Vornamen hören, wenn ihr euch ansprecht, nichts anderes!" Tatsächlich, zumindest in meiner Anwesenheit, hielten sich die Burschen daran. Cool. „Dürfen wir uns wenigstens lustig beschimpfen?" „Vornamen, bitte, und zwar die richtigen!", war meine Antwort.

Wenn ein Lehrer sich für seine Klasse einsetzt, selbst wenn die Rektorin anderer Meinung ist oder mit Strafmaßnahmen droht, so ist das aus der Sicht der Jugendlichen wahrscheinlich cool.

Das Klassenteam muss sich dann aber auch durch vernünftiges Verhalten als würdig erweisen, dass sich der Klassenlehrer für sie in die Gefahr begibt, gerügt zu werden, weil er das Verhalten der Vorgesetzten kritisch hinterfragt. Ich kannte meine Klasse am besten und ich wollte sie daher auch verteidigen.

Bei meiner Verabschiedung an der Realschule sagte meine Schulleiterin, dass ich mich wie ein „Anwalt" für meine Klassen eingesetzt hätte. Cool.

Cool ist auch, wenn der Erzieher Humor hat und sich nicht gleich von jeder Bemerkung oder Kritik umwerfen lässt. Das musste ich im Laufe der Jahre erst lernen – im Sinne Konrad Adenauers: „Niemand kann mich hindern, jeden Tag klüger zu werden." In meinen Anfangsjahren hat der Humor keine tragende Rolle gespielt, dazu muss man seinen Beruf erst besser beherrschen, dann kommt eine gewisse Lockerheit von selbst, allerdings sollte es nie albern oder überheblich werden.

In der Erziehung und im Unterricht muss man lernfähig bleiben und nicht verkrusten. Am Ende meiner Lehrerzeit wurde ich tatsächlich humorvoller im Unterricht. Vielleicht war es auch im Unterbewusstsein die Tatsache, dass der Stress bald ein Ende hat, der das auslöste. Oder Altersmilde?

Selbst im Religionsunterricht kann es cool sein, die heutige Bedeutung der „Zehn Gebote" anzusprechen, den sittlichen Maßstab der Christenheit, wenn man aktuelle Nachrichten einbezieht und vergleicht, wer mal wieder in Deutschland oder weltweit dagegen verstoßen hat oder wem es in vorbildlicher Weise gelungen ist, Gutes zu tun, diese Gebote einzuhalten oder sich gar für Mitmenschen einzusetzen. Da an unserer Schule die

Gottesdienste am Schuljahresbeginn, am Ende oder zu Weihnachten immer ökumenisch waren, habe ich mich im Religionsunterricht mehr als einmal zu der Äußerung hinreißen lassen: „500 Jahre Trennung sind genug, wenn sich die evangelischen und katholischen Christen nicht bald annähern oder noch besser, sich wieder vereinigen, könnten sie beide untergehen."

Erlösung spielt im christlichen Glauben eine große Rolle. Am Leben und Sterben von Dietrich Bonhoeffer haben meine Schüler eindrucksvoll erkannt, dass man als gläubiger Mensch gegen Unrecht kämpfen sollte. Er hat voller Gottvertrauen nie aufgegeben. Bonhoeffer hätte in der Nazi-Zeit im sicheren Ausland, in den USA, bleiben können, kehrte aber nach Deutschland zurück und schloss sich dem Widerstand an. Er bezahlte das mit seinem Leben, wurde in einem KZ umgebracht. Kurz vor seinem Tod hat er einen der eindrucksvollsten Sätze geschrieben, die ich je in deutscher Sprache gelesen habe: „Von guten Mächten wunderbar geborgen, erwarten wir getrost, was kommen mag, Gott ist mit uns am Abend und am Morgen und ganz gewiss an jedem neuen Tag!" Einzigartig! Mehr als „cool". Bei diesem Menschen habe ich gespürt, dass es für uns alle wichtig ist, einander anzunehmen und zu helfen, auch wenn der Zeitgeist dagegen spricht!

„Wer immer strebend sich bemüht, den können wir erlösen", sagte Goethe. Auch ein cooler Satz. Man könnte sagen, Unterricht und Erziehung sind schwierige, anstrengende Prozesse und es ist geradezu eine Erlösung, wenn beides gelingt.

Manche „Resultate" deiner Erziehung erfährst du als Lehrer erst nach Jahren, wenn du deine Ehemaligen auf einem Straßenfest, im Supermarkt oder bei Ehemaligentreffen wiedersiehst.

Noch ein weiteres Goethe-Zitat: „Erziehen ist Beispiel und Liebe – sonst nichts." Ja, lieber Goethe, richtig, doch Erziehen ist noch mehr: sich täglich kümmern, das Gefühl vermitteln, dass man beschützt, tröstet, „am Ball bleibt", hilft, berät, offen ist für Fragen, vor allem Zeit „opfert" für die „Schützlinge". Es lohnt sich! Es kann und wird Rückschläge geben, weil vieles kontraproduktiv auf die Kids einwirkt, dennoch gilt es, seine Linie beizubehalten.

Man macht nicht immer alles richtig. Erziehung und Unterricht sollte man dennoch mit Freude und Optimismus angehen. Ich weiß, hier wiederhole ich mich wie in meinem Unterricht! Zu großer Ehrgeiz schadet dem Ganzen. Erst muss ein Grundvertrauen regelrecht erkämpft werden, am besten durch Taten und nicht nur mit Worten!

Cool waren für die Schüler meine Sprungübungen im Klassenzimmer.

Die Grätsche über den längs gestellten Lehrerpult mit drei Schritten Anlauf und der Tafel-Hochsprung. Ein wichtiges Wort wurde an den obersten Rand der Tafel geschrieben, diese auf drei Meter Höhe geschoben, kurzer Anlauf, beidbeiniger Absprung, mit ausgestreckter Hand habe ich dieses Wort angetippt, Kreide zum Beweis an meinen Fingern. Hier war mir der Beifall sicher und wir konnten anschließend diesen Begriff gemeinsam und in völliger Ruhe besprechen. Entertainer-Elemente sind nicht schlecht, du darfst dich allerdings nicht lächerlich machen und zu viele einstreuen. Vorher musst du schon das Vertrauen der jungen Leute gewonnen haben, sonst bringt das alles nichts.

Noch cooler ist es für Schüler, wenn man sie als Mensch wahrnimmt.

Manchmal war ich nach dem Unterricht gedankenversunken, wie gesagt auch im Lehrerzimmer, nach meinen Stunden, denn es gab zahlreiche Schüler, die gewaltige Probleme am Hals hatten.

Doch es folgten viele Tage, an denen man mit Spaß und Erfolgserlebnissen belohnt wurde. Man bekommt immer etwas zurück, manchmal auf Umwegen!

Oft bin ich mit einem Glücksgefühl vom Unterricht nach Hause gefahren, mit der Gewissheit, dass meine Klassen ihr soziales Verhalten und ihre Leistungskraft verbessert haben. Cool.

## 14) Fehler erlaubt

Heranwachsende sollten keine Angst haben, Fehler zu machen. Wir Erwachsene machen doch auch jede Menge Fehler. Päpste, Politiker, Firmenchefs, Diktatoren, Väter, Mütter, Lehrer: Alle machen Fehler. Nur mit dem Zugeben ist das so eine Sache. Lernen muss man halt aus seinen Fehlern, immer wieder.

Papst Franziskus scheint ohne Fehl und Tadel zu sein, aber man hört, dass sein „Hofstaat" kritisiert, er sei zu offen, nicht dem Amt angemessen, zu tolerant, ja – womöglich noch – ein echter Nachfolger Christi, oh Gott. Ich habe großen Respekt vor ihm, denn er hat einige Bischöfe vom „hohen Ross" heruntergeholt und ihnen Begriffe wie Demut und Dienen wieder ins Bewusstsein gerückt.

Mir ist manchmal im Unterricht durch den Kopf geschossen, heute redest du dich um Kopf und Kragen, weil du wieder einmal dein Herz auf der Zunge trägst, zu offen und ehrlich bist.

Aber ich habe gespürt, dass die Schüler wissen wollen, was der Lehrer wirklich denkt, dass sie einen Menschen aus Fleisch und Blut vor sich sehen wollten, der auch einmal aus seiner Schulzeit erzählt, was er falsch gemacht hat oder was ihm früher allzu strenge Lehrer „vor den Latz geknallt" haben.

Die Schüler müssen für ihr Leben lernen: clever, wehrhaft werden, so wie unsere Demokratie nur überleben kann, wenn sie „Demokratie-Hasser“ von außen und innen in ihre Schranken verweist! Hoffentlich wird im neu gewählten Bundestag mit über 700 Abgeordneten nicht alles „zerredet“. Großmäulige Möchtegern-Diktatoren sollten jedenfalls nicht unsere demokratischen Werte lächerlich machen dürfen und uns im Jahr 2017 als Nazis beschimpfen.

Manchmal fällt es mir schwer, etwas für mich zu behalten. Da habe ich schon Lehrgeld bezahlt. Und tatsächlich, ich rede oder erkläre oft sehr viel, einmal Lehrer – immer Lehrer. Ich will aber nicht in den Ruf eines unbelehrbaren Besserwissers kommen, obwohl ich viel Lebenserfahrung gesammelt habe, die manchmal aus mir herausplatzt. „Si tacuisses, philosophus mansisses.“ Frei übersetzt: Wärst du still gewesen, hätte man dich für einen Philosophen gehalten. Vielleicht lerne ich das noch im Alter? Zuhören und sich nicht überall einmischen!

Helmut Schmidt, ein allseits geschätzter Bundeskanzler, soll auf die Frage, ob er immer ehrlich gewesen sei, geantwortet haben: „Ja das war ich, aber ich habe nicht immer alles gesagt, was ich weiß.“ Sinnvoll.

Sicher ist das alte Sprichwort zu beachten: „Reden ist Silber, Schweigen ist Gold.“ Einmal erzählte ich bei Freunden, dass ich einen Fußballspieler kenne, der kurz nach seiner Einwechslung, ohne einen Ball berührt zu haben, wegen eines heftigen Fouls vom Platz gestellt wurde, also die Rote Karte bekam. Dieser Spieler erfuhr, dass ich seinen Namen beim Erzählen erwähnt habe und war gar nicht erfreut. Seither bin ich vorsichtiger geworden, vor allem mit Namensnennungen. Auch in meinem Buch. Vorbilder und Positives will ich allerdings beim Namen nennen!

Die Wahrheit darf nie ein nasser Lappen werden, den man anderen ins Gesicht wirft!

Lehrer werden ja leider heutzutage heftig „angeschossen", in sozialen Medien und zum Teil in aggressivem, beleidigendem Stil auch in Abi-Zeitungen. Man liest so manches. Man will als Abiturient cool sein und vergisst Fairplay.

Als Lehrer muss man schlussendlich froh sein, wenn man ohne Skandale und Verfehlungen seine berufliche Zeit beenden kann und irgendwann mal das höchste badische Lob hört: „Do kann ma nix sage!"

„Non scholae, sed vitae discimus", sagte Seneca vor 2000 Jahren. Nicht für die Schule, sondern für das Leben lernen wir.

Nach der Schulzeit muss eine gute Basis vorhanden sein, die Fehler und Schwächen zwar nie ganz beseitigen, aber abmildern kann.

Viele reiten auf den Schwächen anderer herum und versuchen sie zu ihren Gunsten auszunutzen. Jeder kleinste Fehler wird hervorgehoben. Fairplay – nie gehört! Wie war das doch: Den „Splitter" im Auge des Anderen sehen viele, aber nicht den „Balken" im eigenen. Meine Lebenserfahrung sagt: Wer seinen Mitmenschen ständig und aggressiv Fehler und Schwächen vorwirft, hat selbst die meisten! Dabei habe ich in der Schule erlebt: Aus Fehlern zu lernen, kann durchaus Freude machen! Ein Schüler hatte immer wieder im Diktat mehr als 30 Fehler. Dann hatte er die „Schnauze voll". Er begann zu lesen, intensiv, Buch um Buch. Ein Jahr später: nur noch 3 Fehler im Diktat, alle staunten. Freude und Erfolgserlebnis statt Resignation!

## 15) Deutschland – deine Jungs

Ein Foto von einer Vorlesung an der Pädagogischen Hochschule in Karlsruhe, ich glaube, es war 2010, ließ mich nachdenklich werden. So gut wie keine männlichen Studenten waren zu sehen!

Immer häufiger mache ich mir in den letzten Jahren Gedanken über die unübersehbare Feminisierung in erzieherischen Berufen.

Es gibt sehr fähige Lehrerinnen, das steht außer Frage. Aber die Männer im Lehrerberuf sind im Laufe der letzten Jahrzehnte so stark in die Minderheit geraten, dass dies meines Erachtens negative Auswirkungen hat.

Kindergarten: ausschließlich Frauen als Erzieherinnen. Grundschule: so gut wie keine Männer. Unsere Realschule: Vor 40 Jahren war das Verhältnis der Lehrerinnen und Lehrer etwa ausgeglichen, in den letzten Jahrzehnten hat sich die Quote sehr zu Ungunsten der Männer verschoben. Wo sind die Männer geblieben?

So wie die Mama zuhause die alleinige Erzieherin ist, so läuft es allmählich auch in der Schule. Die Kerls sind in „Kerlsruhe", studieren an der Uni und werden Ingenieure. Kerlsruhe hat kürzlich jemand im Fernsehen als Wortspiel von Karlsruhe gebracht, weil die Herren der Schöpfung die renommierte Uni als Ingenieurstudenten übervölkern. Beruflich Kinder erziehen oder unterrichten: Fehlanzeige. Wenn ein mittlerer Facharbeiter mehr verdient als ein Lehrer, dazu noch Aufstiegschancen hat, warum soll ein Mann dann in diese Berufsrichtung gehen? Vielleicht bereuen es die Herren, wenn sie in ihrem Beruf zu sehr gegängelt oder fremdbestimmt werden. Männer versäumen auch einiges, wenn sie den Lehrerberuf nicht in Erwägung ziehen: sich mitten in der Gesellschaft bewegen und einen sehr wichtigen Beitrag für die Zukunft einer Generation leisten,

Unterrichts- und Erziehungsarbeit kreativ und relativ frei gestalten, den Dank aus leuchtenden Kinderaugen hautnah spüren, mit jungen Leuten zusammen „reifen", Brücken bauen, aufklären, Interesselosigkeit bekämpfen, eigene Erfolgserlebnisse erarbeiten und parallel dazu Erfolge der Anvertrauten erleben dürfen, Menschlichkeit einbringen, Langeweile ein Leben lang verscheuchen. Mein Beruf ist ein Garant gewesen für jahrzehntelange Langeweile-Abstinenz! Jeden Tag geschieht etwas Neues, Herausforderndes. Finanzielle Aspekte sind nicht alles, wenn man 40 Jahre vorausschaut. Der Lehrerberuf ist anspruchsvoll, bietet aber eine Fülle von Möglichkeiten, sich selbst zu verwirklichen und ein erfülltes Berufsleben zu haben. Die sichere Altersversorgung, die man sich erarbeitet hat, ist ebenfalls kein schlechtes Argument.

Ich stelle mir nicht erst im Ruhestand die Frage, wie sich die zukünftigen Männer, die überwiegend von Frauen unterrichtet werden, im Unterricht fühlen? Die bewegungsfreudigen, manchmal übermütigen, vor Lebensfreude und Power strotzenden jungen Burschen, die leider ihr Potential zu selten ausreizen?

Ich habe die Erfahrung gemacht, dass Jungs ab und an einen sportlichen, temperamentvollen Mann im Unterricht cool finden, dem sie sich anvertrauen, ihre mentale oder auch mal ihre körperliche Stärke demonstrieren können.

Wenn man heute von Männern redet, bestimmen die Begriffe Macho und Softie oft die Schlagzeilen. Ich kenne viele Männer, die weder das eine noch das andere sind, sondern sportlich, selbstbewusst und zuverlässig. Sexismus-Vorwürfe haben in Einzelfällen sicherlich ihre Berechtigung, sollten jedoch nicht pauschalisiert werden. Frauen-Power anzuprangern, verbietet sich meines Erachtens ebenfalls, es sei denn, sie kommt unfair daher. Mir ist auch bewusst, dass echte Gleichberechtigung noch längst nicht in der gesamten Gesellschaft angekommen ist.

Die Karlsruher Richter fordern in ihrer aktuellen Rechtsprechung, auch dem „dritten" Geschlecht gegenüber fair zu sein.

Angeber oder zukünftige Machos wollte und will ich bestimmt nicht stärken, aber es ist mit Händen zu greifen, dass viel zu viele Jungs in der Schule leistungsmäßig mehr und mehr gegenüber den Mädchen abfallen, so habe ich das wahrgenommen. Heranwachsende junge Männer suchen und suchen nach Orientierung. Die finden sie nicht im Weiblichen und bevor sie in Milieus geraten, die ihnen aus Imponiergehabe als cool erscheinen und ihnen entgegenplärren, wie „geil und megageil" das Leben als Macho oder „Coolman" ist, muss es doch auch männliche Vorbilder geben, die Klugheit, Besonnenheit, Toleranz und Fairplay vorleben. Dann brauchen junge Männer auch nicht „die Sau rauslassen", wenn ihre Schulzeit zu Ende ist und die Prüfungen bestanden sind. Nach dem Motto: Das „Kuschen" ist zu Ende, es lebe die Freiheit! Väter und Lehrer: Vorbild sein und erzieherisch mitwirken! Selbstbewusstsein als Mann, auch ohne Macho-Gehabe! Die FAZ schreibt bereits, alles Männliche geht allmählich in unserer Gesellschaft „den Bach runter". Satire oder Wirklichkeit? Wo bleiben vernünftige Orientierungspunkte für junge Männer?

Es gibt natürlich auch „Zickenkriege" und heimtückische Mädchen, aber allzu oft sind Jungs „hängen geblieben", von der Schule „geflogen", hatten schlechtere Zeugnisse oder haben Prüfungen nicht bestanden, bekommen mehr Strafarbeiten, fliegen „hochkant" aus dem Klassenzimmer oder „kriegen Arrest", werden später wesentlich häufiger straffällig als Frauen.

Männer, Männer, Männer: Bringt euch in der Erziehung ein, zuhause oder noch besser beruflich, die Zeit ist reif! Wenn ich meine alte Schule besuche, bin ich um jeden jungen Mann froh, der sich der „Herausforderung Schule" stellt und Lehrer wird!

Es kommt meines Erachtens dem gesamten Kollegium einer Schule zugute, wenn in der einen oder anderen Klasse mehr Männer unterrichten würden. Es ist nicht gut, wenn Eltern ihre Söhne mit Ritalin oder anderen Psychopharmaka ruhigstellen! Das Zeug verursacht Depressionen. Es geht auch ohne Pillen und Strafarbeiten, das kann ich beschwören. Die Tablettenabhängigkeit von Alt und Jung ist doch bereits beängstigend in Deutschland! Ich habe nichts gebraucht, um als Lehrer 40 Jahre durchhalten zu können. Am Morgen drei Tassen Kaffee, Zeitung überfliegen, auf ging's zur Schule.

Ich denke, Erziehung im Elternhaus wird nur gelingen, wenn beide Ehepartner sich mit ihren Stärken einbringen. Ich finde es sehr bedenklich, wenn Väter sich gänzlich von Erziehungsaufgaben zurückziehen! Über die Probleme Alleinerziehender könnte man wohl ein eigenes Buch schreiben.

Man muss wirklich kein Wundermann sein, es geht bei „Kerlen" tatsächlich auch ohne Strafen, fair und sinnvoll zu unterrichten, sogar wenn mehr Jungs als Mädchen im Klassenzimmer sitzen. Das hat mich immer herausgefordert.

Im Laufe meiner Lehrerlaufbahn hat die Anzahl der Jungs bei uns zugenommen, die besser in die Hauptschule gegangen wären. Überforderte sind an jeder Schulart ein Problem. Viele haben wir – das gesamte Kollegium – mit großem Kraftaufwand mitgezogen, sie wollten um keinen Preis von der Realschule zur Hauptschule wechseln, auch nicht mit einem Fünfer und sieben Vierern. Sind Eltern zu ehrgeizig? Unterrichtsstörungen waren dann leider vorprogrammiert und häufig genug bei Lehrern, wo sie sich das „getraut" haben. Manche Lehrkraft hat desillusioniert alle möglichen Unterrichtsformen ausprobiert. Hauptproblem: „Die Klasse ist zu laut, Jungs stören!"

Einmal habe ich zu einem Neuntklässler knallhart und bewusst provozierend gesagt: „Du bist für mich kein Realschüler, du hast keinen Bock zu lernen, aber nervst ständig Mitschüler und Lehrer." Der Junge hat sich meine Aussage zu Herzen genommen und wollte mir beweisen, dass er doch in die Realschule gehört. Und, oh Wunder, er hat die Mittlere Reife-Prüfung bestanden, zwar knapp, aber er war glücklich. Ich habe seinen Ehrgeiz geweckt und konnte ihn am Schluss loben.

Manche „Herrschaften" muss man vor sich selber schützen! Dazu gehört im Unterricht viel Energie. Ich habe durchaus häufig „energisch" unterrichtet. Zu hartes Bestrafen nutzt sich allerdings ab, führt zu Frust, Leistungsverweigerung und Schulversagen.

„Girls just wanna (want to) have fun", heißt es in einem Song. Mädchen wollen Spaß. Jungs brauchen wahrscheinlich noch mehr Spaß. Sie wollen das Leben auch in der Schule mit voller Breitseite spüren, nicht zu früh „domestiziert" werden. In Klassen, in denen man sich gegenseitig nicht nervt, fühlen sich alle wohl. Schulversager müssen nicht sein.

Schüler lassen sich nicht gerne stoppen mit der wehleidigen Aussage: „Ich habe heute Migräne, seid bitte ganz leise!" Das sollte nicht zu oft kommen. Leider habe ich diesen „Appell" auch von männlichen Lehrkräften gehört. Ich musste auch erleben, dass männliche Referendare leider nicht immer wichtige Voraussetzungen für den Lehrerberuf mitgebracht haben. Mir geht es einfach um das Missverhältnis in vielen Kollegien und seit längerem auch an den Hochschulen. Das kann meines Erachtens nicht ohne Folgen bleiben.

Spaß und Lebensfreude in Bahnen zu lenken, ist die Aufgabe von allen Lehrkräften, gleichgültig ob Mann oder Frau. Freude hilft beim Lernen, weckt „Schlafmützen" und lässt Störenfriede verstummen. Mit schlechter Laune und ohne Motivation in den Unterricht zu gehen, sollte für alle Lehrkräfte kein Dauerzustand sein, völlig unabhängig vom Geschlecht.

Bundesliga-Trainer müssen heutzutage wahre Motivationskünstler sein. Manchmal wollte ich gern mithören, was der junge Hoffenheimer Coach zu seinen Profis sagt, um sie „heißzumachen" und bis in die Haarspitzen zu motivieren. Ob das alles pädagogisch gut ist, weiß ich allerdings nicht.

Für lebenslanges Lernen zu „werben", geht aber tatsächlich nur mit starker Motivationskraft, Power und Optimismus. Man kann Jungs und Mädchen gleichermaßen gut motivieren. Gleichberechtigung ist „Trumpf" (nicht Trump) bei Schülern und Lehrern.

Unterricht muss Freude machen, dann werden das Erzieherische und auch das Lernen viel leichter. Wenn man selbst den Unterricht ungestört mitbekommt, wird man als Schüler am ehesten einsehen, dass man andere nicht am Lernen hindern soll. Regeln brauchst du dann nirgends aufzuschreiben. Viele Klassen waren sehr froh, wenn Ruhe im Zimmer herrschte oder, wie man so schön sagt, eine angenehme „Arbeitsatmosphäre" zu spüren war. Endlich keine „Kopfschmerzen mehr!"

Vor kurzem traf ich einige ehemalige Kolleginnen und Kollegen auf dem Karlsruher Weihnachtsmarkt. Ich erzählte ihnen, dass ich gerade dabei sei, ein Buch über Erziehung und Unterricht zu schreiben. Eine Kollegin meinte scherzhaft: „Geht es um die Wiedereinführung der Prügelstrafe?"

Nein gewiss nicht, im Gegenteil, wollte ich noch sagen, aber dazu kam es nicht mehr, weil ich abgelenkt wurde durch die Aussage, dass man mich an der Schule vermissen würde. Danke für dieses Lob.

Einmal hat mein Schulleiter an der Privatschule – bei meiner pädagogischen Ehrenrunde – für einen meiner Schüler in Absprache mit dem jungen Burschen eine Strafe festgelegt, nämlich zwei Doppelstunden bei seinem geliebten Sportunterricht nicht mitmachen zu dürfen. Ich wollte eigentlich ganz auf diese Strafe verzichten, habe diese dann auf eine Stunde reduziert und bewirkt, dass der Sechstklässler sich anschließend sehr gut und sozial bewusster im Unterricht eingebracht hat.

Es ist schrecklich, wenn manche schlecht erzogenen Schüler eine Lehrkraft nicht ernst nehmen. Ist doch etwas dran an der „Formel": zu wenig durchsetzungsstarke Lehrer – zu viele störende Schülerinnen und Schüler?

Mein Enkelkind hatte in der Grundschule eine Klassenlehrerin, die sehr durchsetzungsstark war. Es herrschte eine gute Lernatmosphäre, die Schüler – und vor allem die Eltern – waren zufrieden. Jungs und Mädchen hatten im Unterricht die gleichen Chancen. Es gab echt keine Jungs, die Mitschüler störten.

Als Vater habe ich allerdings erlebt, wie der Grundschulunterricht meiner Tochter sehr häufig unter dem chaotischen Verhalten von wenigen Burschen gelitten hat, obwohl die Klasse nur 16 Schüler hatte. Man hat die Klasse geteilt (!) und eine weitere Lehrerin hinzugezogen.

Auch an unserer Realschule gab es immer wieder Klagen über männliche „Unruhestifter". Nicht selten verlieren solche Jungs die Lust, zur Schule zu gehen, oder sie bewirken, dass andere große Probleme bekommen. Sie suchen einen Lehrer, der ihnen hilft, einen Rat gibt, sie neu motivieren kann, sie aus der Versager-Ecke herausholt, ihnen Mut macht, wieder aufzustehen, und sie lehrt, wieder ernsthaft zu kämpfen, jawohl endlich zu kämpfen und sich anzustrengen, doofe Kumpels zu ignorieren, endlich mal was für die Schule zu tun und nicht nur für das Freizeitvergnügen! Wenn man es als Lehrer nicht schafft, den „jungen Männern“ das klarzumachen, können bereits drei Jungs, manchmal sogar schon ein einziger, der Cliquen-Anführer, ein schlimmes Abdriften oder das Versagen einer ganzen Klasse bewirken!

Weibliche und männliche Lehrkräfte können an Klassen mit schwierigen Kindern scheitern und an ihrem Beruf verzweifeln, das kann ich nachvollziehen, weil ich an manchem Klassenzimmer vorbeigelaufen bin, wo es recht turbulent zuging. Über Jahrzehnte hinweg ist das kaum durchzuhalten, es sei denn, man hangelt sich von Ferien zu Ferien, braucht Kuren, viele Fehltage, Krankenhausaufenthalte, nimmt den vollen Schutzschirm des Beamtenstatus in Anspruch.

Man kann diesen „Kampf“ gewinnen. Gegenseitige Stärkung, wertschätzender „Rückenwind“ durch die Schulleitung, faires Durchsetzungsvermögen der Pädagogen und menschliche Rahmenbedingungen für Schüler und Lehrkräfte beiderlei Geschlechts sind hervorragend geeignet, sich Burnout vom Leib zu halten.

Auf dem Weg, einen möglichst optimalen Schulabschluss zu schaffen, ist es ohne Alternative, dass möglichst alle gut miteinander auskommen, auf Schüler- und Lehrerebene!

Ich war immer sehr froh, an einer Realschule unterrichten zu dürfen. Mit viel Selbstbewusstsein und guten Noten im Rücken konnten unsere besten Mädchen und Jungs gleichermaßen zum „Gymi“ überwechseln und haben nicht eine frustrierende, manchmal lähmende Unterstufe hinter sich bringen müssen. Man merkte bei uns in Klasse 10, dass sich fast alle, auch manche lernfaulen Jungs, ein Ziel gesetzt hatten: eine gute Prüfung zu machen. Ich hatte ihnen das aber auch monatelang in die Köpfe gehämmert.

Gescheiterten Gymnasiasten – meist wiederum junge Männer –, die zu uns kamen, haben wir sehr mühsam erst wieder neues Leben einhauchen müssen. Tatsächlich oft über den Sportunterricht.

Die überproportionale Feminisierung des Lehrerberufs macht mir Sorgen. Seit über 30 Jahren ist zu registrieren, dass viele Frauen in unserer Gesellschaft in grenzwertiger Weise „Lasten" tragen, die Männer in dieser Intensität oft nicht aushalten müssen: Kindererziehung, Haushalt, Beruf, Betreuung der Eltern und/oder Schwiegereltern und vieles mehr, vor allem in finanzieller Hinsicht.

Weibliche Lehrkräfte wählen oft ein halbes Deputat, werden aber von der vollen Härte des Schulalltags getroffen!

Im Lehrerzimmer erklang nach einer frustrierenden Stunde einer Kollegin mehr als einmal der Ruf: „In diese schlimme Klasse müsste mal ein Mann rein." Ich fühlte mich durchaus angesprochen und wollte mir in einer Vertretungsstunde die entsprechenden „Buben" vorknöpfen, die waren allerdings dann komischerweise recht handzahm.

Ich glaube inzwischen, Frauen müssen in diesem Beruf – mit der geschilderten Belastung im Kreuz – noch mehr mentale Stärke aufbringen als Männer.

Meine Auffassung ist es, dass es erstrebenswert wäre, wenn an jeder Schule möglichst gleich viele weibliche und männliche Lehrkräfte unterrichten würden, damit man sich gegenseitig mehr Unterstützung gegenüber schwierigen oder gestörten Kindern geben kann.

Inklusion und Integration werden ansonsten nur schwer zu stemmen sein, wenn nun viele Migrantenkinder kommen, bei denen zuhause nur ein Mann etwas gilt.

Die Frauen haben ihre Frauenbeauftragte, obwohl wir Männer seit geraumer Zeit an unserer Schule eher einen Männerbeauftragten gebraucht hätten. In vielen Berufen werden Frauen unverständlicherweise schlechter bezahlt als Männer, im Lehrerberuf ist das nicht der Fall und das ist natürlich gut so.

Ganz abgesehen von der pekuniären Seite, ich glaube, dass man in erzieherischen Berufen aus verschiedensten Gründen schon bald über eine „Männerquote" nachdenken muss! Kann es sein, dass Schulleiterinnen lieber Frauen anfordern, um das Kollegium aufzustocken? Es müssten allerdings Männer sein, die mit Kindern umgehen können, die sie nicht als Ballast ansehen, sondern als Bereicherung für ihr Leben und ihren pädagogischen Beruf. Einige sehr engagierte Männer haben unsere Schule – die Front – leider verlassen in Richtung Hochschule oder in Schulleitungsfunktionen, aus ihrer Sicht verständlich, aus meiner sehr bedauerlich. Ich habe sie als Mitstreiter vermisst.

Die Lehrkraft, ob männlich oder weiblich, muss es schaffen, akzeptiert zu werden – die wahrscheinlich wichtigste Voraussetzung für ein gutes Gelingen jeglicher Erziehungs- und Unterrichtsversuche.

## 16) Sport und Selbstvertrauen

Die meisten meiner Schüler freuten sich auf den Sportunterricht. Für viele war es der Höhepunkt der Woche. Übertroffen wurde das Ganze nur noch durch die Fußball-AG für Jungs, die dem runden Leder nachjagen wollten. Gemischte Sportklassen gab es bei uns an der Realschule lange Zeit nicht, ich hatte drei Jahrzehnte „Jungs pur" im Sport zu unterrichten, in den letzten Jahren meiner Dienstzeit erlaubte man den Schülern Sportarten auszuwählen und auch in den Abschlussklassen hatten Jungen und Mädchen dann zusammen Sportunterricht. Das war eine recht große Umstellung für mich.

Sport war von Kindesbeinen an mein Ding. Für uns war ab fünf Jahren Fußball das Größte. In meinem Wohnort war der Dorfplatz bei der Kirche geradezu ideal zum Kicken. Telefone hatte noch keiner, die fußballverrückten Jungs trafen sich, sooft es ging, auf einem Gelände, halb Sandplatz, halb Wiese zum Kicken.

Seit damals geht mir Fairplay nicht mehr aus dem Kopf! Dem Sieger auch mal den Erfolg gönnen, auf dumme Fouls verzichten.

Auf dem Dorfplatz spielte man auch schon mal gegen ältere Jugendliche und profitierte sehr davon. Wir machten damals auch zusammen Hochsprung, Hürdenläufe, regelrechte Laufevents, Fahrrad-Fangspiele und vieles andere, was mit Bewegung zu tun hatte. Schwimmen lernten wir in einem kleinen Bach, der heute immer noch am Ortsrand fließt. Es ist viel leichter, in einem fließenden Gewässer schwimmen zu lernen. Ja, abhärtend waren unsere sportlichen Betätigungen, aber herrlich.

Wenn man das Fach Sport unterrichtet, hat man einen erheblichen erzieherischen Einfluss. Schüler merken schnell, ob der Lehrer belastbar ist, auch mal einen Spaß versteht, ein fairer Sportsmann ist und auch körperlich was zu bieten hat. Es empfiehlt sich für jede Lehrkraft, möglichst selbst intensiv Sport zu treiben, das macht den Kopf frei, härtet ab, lässt Burnout abprallen.

Um die Verletzungsgefahr und das Mobbing zu minimieren, ist es im Sportunterricht sehr bedeutsam, klare Ansagen zu machen, rigoros auf Disziplin zu pochen und manches zu verbieten. Humor kam bei mir nur ins Spiel, wenn ich Bewegungen oder einen Turnierverlauf kommentierte, ohne Häme versteht sich. Da kam der Sportjournalist oder Radioreporter in mir durch.

Im Sportunterricht kannst du auch darauf hinweisen, dass echte Spitzenteams fast ohne Fouls auskommen, weil sie durch hervorragende Technik, Taktik und ihr hartes Training grobes Foulspiel gar nicht mehr nötig haben. Ich hatte mehrfach Klassen, die sehr fair gespielt haben.

Man hat im Fach Sport ein riesiges Spektrum für das erzieherisch Positive!

Hier ist es noch wichtiger als im Klassenzimmer, Auslachen und Mobbing zu verhindern! Das lähmt ansonsten die weniger Begabten und Sport entwickelt sich bei ihnen dann schnell zum „Hassfach".

Ich habe viel gelobt, bestärkt, Mut gemacht, Resignation und Faulheit bekämpft. Man kann gerade im Sportunterricht Schüler mitreißen und beflügeln. Teilweise bin ich sehr laut geworden, damit sich Fortschritte und Erfolge einstellen und nicht die Lethargie die Oberhand gewinnt. Schüler lassen sich im Sport besonders gut leiten und freuen sich über Anfeuerung, egal ob sie 7 oder 17 sind. Anfeuerung und ein Lob bewirken Wunder! Viele sind aufgeblüht und waren froh, sich bewegen oder auch mal austoben zu können nach der „Sitzerei" und vielleicht auch Einschüchterung im Klassenzimmer!

Gut, ich habe meine Stimme in der Sporthalle ziemlich strapaziert, weil ich häufig, beispielsweise bei einem Spiel, kommentierend und motivierend eingegriffen und Konzentration eingefordert habe. „Sie sollten Sportreporter werden", hieß es bisweilen. Na ja, war wohl in Ordnung, meine Entscheidung, Lehrer zu werden. „Basst scho", heißt es in Bayern bzw. „hat schon gepasst" aus der Sicht des Ruhestands. Kein Sportreporter, kein Pfarrer, sondern Lehrer.

Meine Stimme war schon immer kräftig und ich bin nicht gerade klein, zwei Vorteile im Sportunterricht. Sportpädagogen wie Dettmar Cramer haben allerdings bewiesen, dass man nicht unbedingt ein Riese sein muss, um die Seinen, selbst Profis, zu begeistern. Ich habe auch Kolleginnen erlebt, die viel kleiner waren und stimmlich nicht so gut drauf, dennoch hatten die Schüler Respekt und die Lehrerin Erfolg.

Größe oder Stimmkraft sind nicht das Entscheidende. Auf Schüler eingehen ist wichtig. Lust an der Bewegung wecken, Spielfreude in allen Ballsportarten zu ermöglichen, ist für die Schüler toll. Auch das recht unbeliebte Geräteturnen kann Spaß machen, wenn man nicht gerade am Reck als männliches Wesen beim Felgumschwung „entmannt" wird. Einmal habe ich mit einer 10. Klasse einen großen Barren für unsere Abschlussfeier ins Bürgerhaus auf die Bühne transportieren lassen. Meine Klasse sollte dort nach bestandener Prüfung einen Programmpunkt beitragen. Einige Jungs übten eine recht schwierige Barren-Kür ein: Oberarmstand, Rolle vorwärts und Rolle rückwärts, Kippe, sehr hohen Schwünge und der Kreishocke als Abgang. Sie waren übrigens keine Vereinsturner. Das Publikum war begeistert und wir konnten zeigen, dass unser Sportunterricht mehr war als nur Fußball. Hartes Üben macht mehr Spaß, wenn man ein Ziel vor Augen hat.

Gruppenarbeit kam im Sportunterricht voll zur Geltung. Teams wurden gebildet in sämtlichen Ballsportarten. Die Besten durften bei mir nur ganz selten in einer Mannschaft zusammenspielen, sonst hätten andere keine Chance gehabt. Die Gruppen durften nicht zu groß sein, um ein flüssiges Spiel, möglichst ohne Fouls, zu ermöglichen. Fingerspitzengefühl war hier wieder mal wichtig. Egoismen habe ich mit Regeländerungen bekämpft. So habe ich beim Basketball wochenlang nur zweimal Prellen erlaubt, dann musste abgespielt werden. Ansonsten kannst du dieses Spiel in der Schule vergessen, denn das Rugby-Verhalten muss bei sogenannten „körperlosen" Spielen nicht sein. Rugby-touch klappte einigermaßen im Freien. Berühren erlaubt, Umreißen nicht. Oft wollte ich im Sportunterricht erreichen, dass keiner zu lange sitzt wie drüben im Schulhaus. Lauf- und Reaktionsspiele, Faustball, das gute alte Völkerball mit 2 Bällen, Zirkeltraining mit Wettkampfcharakter in Zweier-Teams und vieles andere mehr ermöglichten es, alle gemeinsam zu bewegen und gleichzeitig den Spaßfaktor sehr hochzuhalten. Nie wurde es den Schülern bei mir langweilig, viele schwitzten, das war gut so.

Meine Zugabe an der Christlichen Schule Hardt im Fach Sport zwei Jahre nach der Pensionierung habe ich bereits erwähnt.

Ich glaube, wenn dort mein Unterricht schiefgegangen wäre, hätte ich vielleicht die Lust verloren, dieses Buch zu schreiben!

In meinem Sportunterricht kam bei gemischten Klassen z. B. beim Basketball auch mal ein Zwischenruf an die Herren der Schöpfung: „Mädels anspielen!" Die Mädchen wuchsen tatsächlich über sich hinaus und haben den Jungs gezeigt, was Sache ist. In der CSH war das mehrmals der Fall, vor allem beim gemeinsamen Handballspiel.

Gerade die schwierigen, verhaltensauffälligen „jungen Herren" können sich im Sport beweisen und Selbstvertrauen tanken. Diese „Spezies" war mir am Ende ihrer Schulzeit am dankbarsten, dass ich sie auch mal „hart angefasst habe“ – ohne Körperkontakt natürlich – und ihnen keine Sonderrechte einräumen wollte.

A apropos Stimme: In meinen Anfangsjahren habe ich wohl übertrieben und wollte selbst den schwächsten „Sportler“ im äußersten Winkel der Halle noch motivieren und mitreißen. Dieses zu große stimmliche Engagement habe ich in den Achtzigern mit einem kurzen Krankenhausaufenthalt bezahlt, bei dem mir unter Vollnarkose mit Laserstrahlen Knötchen von den Stimmbändern entfernt wurden.

Seither habe ich versucht, meine Stimme schonender einzusetzen, es blieb allerdings beim Vorsatz. Es ging bis heute gut, meine Stimme ist noch ganz in Ordnung mit 66. Manchmal reizt es mich, als „Stimmtest“ in einer Kirche zu singen. In einer leeren Kapelle habe ich vor kurzem „Großer Gott, wir loben dich“ intoniert und war begeistert von der guten Akustik. Selbst auf einem Donauschiff im Urlaub habe ich im letzten Jahr das Singen nicht lassen können.

Zurück zum Sport: Junge Männer muss man im Sportunterricht oft etwas heftiger, um nicht zu sagen deftiger motivieren. Ich glaube, ganz leise geht das nicht. Sie wollen keine „Weicheier“ als Vorbilder, das war eindeutig.

Die Lieblingssportler oder Idole der Jungs können im Unterricht durchaus thematisiert werden. Dies kann bewirken, dass sie sich selbst Ziele setzen, sei es, die Halbjahresnoten zu verbessern oder die Abschlussprüfung an der Schule mit einem Lob oder Preis abzuschließen oder auch mal den „Mathe-Genies“ zu zeigen: „Schau her, ich kann auch was!“ Ich habe einige Jungs erlebt, die durch ihre Leistungsstärke, welche sie mir im Fach Sport demonstrieren konnten, anschließend im Deutsch- und Geschichtsunterricht ebenfalls besser wurden. Später waren im Sportunterricht Jungs und Mädchen zusammen und ich staunte über viele weibliche Talente. Man merkte natürlich schon, wer in einem Verein trainierte und dadurch wesentlich mehr Fitness mitbrachte als der „Durchschnitt“.

Wenn es mal knüppeldick kam und ich am Mittwoch-Nachmittag in der 9. und 10. Stunde in meiner Realschule noch Sport in Klasse 10 hatte, musste ich mich kräftig wehren gegen den Übermut und die Risikobereitschaft der Schüler, die eine zu große Verletzungsgefahr mit sich gebracht hätten. Dann mussten sie sich den Spruch von mir anhören. „Ich schlage euch gleich ungespitzt in den Boden rein, ihr Weltmeister.“ Anschließend war freudvoller und stressfreier Unterricht zwar möglich, aber auch nur deshalb, weil ich die jungen Herren echt gefordert habe und sie den ganzen Frust von acht zuvor erlebten Schulstunden rauslassen konnten. Natürlich waren in diesen Stunden Turniere am beliebtesten. Ich habe in diesen Randstunden nicht eingesehen, sie am Reck in eine Endlosschleife zu stellen. Langeweile und Warten im Sport – für mich undenkbar!

Oft war bei unserer großen Schülerzahl nur ein Drittel der Sporthalle verfügbar. Hier erinnere ich mich gern, trotz beengter Raumverhältnisse, an tolle Handball- und Volleyball-Turniere, Hockey-Spiele, Übungen am großen Trampolin und Mini-Trampolin mit Dunking-Versuchen am Basketball-Brett, rasante Staffelspiele mit verschiedensten Bällen, Handball mit Kopfballtoren, Jägerball, Zahlenball-Reaktionsspiele mit zwei Großgruppen, Schwingen an Tauen über Rekordhöhen auf Weichmatten, Badminton, Fangspiele mit dutzenden Variationen. Auch meine Stoppuhr und das Maßband kamen nicht zu kurz, vor allem natürlich bei der Leichtathletik im Freien. Hier wollten sich die meisten Schüler durchaus messen und Leistungen vergleichen, manche Hitzeschlacht wurde auf dem Freigelände und der Aschenbahn geschlagen.

Am beliebtesten waren – vor allem bei den in Vereinen spielenden Schülern – die Fußball-Turniere. Für mich bedeutete der Fußballwunsch allerdings eine echte Anstrengung, denn ich bin stets in die Rolle des Schiedsrichters geschlüpft, um ein sinnvolles Spiel zu ermöglichen und die Stunden ohne Verletzungen beenden zu können. Mit der Trillerpfeife und laut hörbaren Kommentaren habe ich so manchen Unsinn oder Revanchefouls im Keim erstickt. Unentschieden waren mir am liebsten, aber meine Herren mussten auch mal mit Anstand verlieren können, ohne die Umkleidekabinen zu „zerlegen". Des Öfteren habe ich mich in der Umkleide überzeugt, dass alles friedlich blieb.

Höhepunkt war viele Jahre lang unser Weihnachts-Fußballturnier. Teilnehmen durften alle neunten und zehnten Klassen. Da wir damals bis zu fünf Parallelklassen hatten, gab es zehn Teams und viele Fans auf der Tribüne. Tolle Sache.

Fußball-Turniere mit vier Mannschaften haben wir zelebriert, vor allem in der freiwilligen Fußball-AG am Nachmittag.

Ich hatte auch Klassen, die man entspannt im Sportunterricht Fußball spielen lassen konnte, ohne hässliche Fouls und ohne blindes Gekicke, sondern mit Niveau und Fairplay. Einige Burschen waren fast „süchtig" nach Fußball. Denen musste ich klarmachen, dass sich eine gerechte Sportnote aus vielen verschiedenen Bereichen zusammensetzen muss. Ich verwies sie immer wieder auf die Vereine, die dringend junge Spieler suchen.

Ich erinnere mich auch sehr gern an unsere Teilnahme beim Wettbewerb „Jugend trainiert für Olympia", bei dem es uns gelang, mehrere Gymnasien zu besiegen. Ich denke, es ist unbestritten, dass Spiele das soziale Verhalten nachhaltig fördern können.

Unfälle im Sport hatte ich Gott sei Dank kaum, meist nur kleine Blessuren. Einmal allerdings ist doch etwas passiert. Wir übten in einer achten Klasse den Sprung über den niedrigen Längskasten, nachdem wir uns am Querkasten eingeturnt hatten. Um sicherzugehen, habe ich eine Weichmatte hinter den längs gestellten Kasten gelegt und war als Hilfestellung in Position gegangen. Ein Schüler lief an, ein anderer, der gerade gesprungen war, befand sich auf dem Rückweg und machte Quatsch in Form von heftigen Armbewegungen. Der dann Springende war so irritiert, dass er das Absprungbrett nicht richtig traf, mit dem Unterarm neben der Weichmatte landete und sich zum Entsetzen aller einen offenen Armbruch zuzog. Brutal. Zum Glück kam der Notarztwagen schnell. An diesem Tag war ich bedient. Jahrelang erzählte ich meinen Klassen, nicht nur im Sportunterricht von diesem Unfall, um sie ernsthaft zu ermahnen, in solchen Situationen keinen Unsinn zu machen!

Meine Schüler waren meist sehr dankbar, sich nach manchem stressigen Schultag im muffigen Klassenzimmer zweimal in der Woche sportlich betätigen zu können. Das spürt man als Lehrer jahrzehntelang und ist selbst glücklich darüber. Ich bin froh, dass ich Sport unterrichten durfte. Man kann den Spaßfaktor wirklich hochhalten, seelische Tiefs ausgleichen, Erfolgserlebnisse ermöglichen, für lebensnotwendige Bewegung sorgen. Viele konnten durch unseren intensiven Sportunterricht viel Selbstvertrauen tanken.

Mein erster Schulleiter hat mir einmal fröhlich berichtet, dass er auf seinem Nachhauseweg an der Schulbushaltestelle Jungs getroffen habe, die ziemlich ausgepowert aussahen. „Bei wem hattet ihr Sport?", fragte er sie. Mein Name wurde genannt. Ich habe das als Kompliment aufgefasst, der Bewegungsdrang dieser jungen Männer war gestillt. Zufriedene Sport-Schüler mit pädagogisch wertvollem „Rückenwind im Gepäck" strengten sich tatsächlich bei mir anschließend auch in anderen Fächern wesentlich mehr an und wollten mir zeigen, dass sie sich auch hier steigern können. Herrlich! Ich hoffe sehr, dass ich viele angeregt habe, ein Leben lang Sport zu treiben, sich fair durchzusetzen und auch Niederlagen ohne Gejammer und Schuldzuweisungen an andere hinzunehmen.

## 17) Kinder ernst nehmen

Kinder wollen ernst genommen werden. Völlig klar. Lehrerinnen und Lehrer natürlich auch. Distanz und Nähe, geht das überhaupt?

Eine gewisse Distanz führt dazu, dass man sich gegenseitig eher respektiert, das habe ich häufig gespürt. Respekt - und sich dennoch näherkommen - musst du dir erarbeiten, nicht mit Tricks, sondern mit fairem Verhalten im Unterricht. Lehrer und Schüler können meines Erachtens nicht auf einer Ebene, völlig gleichberechtigt, agieren. Die Lehrkraft hat die Verantwortung, muss die Befugnis haben, wichtige Entscheidungen zu treffen, muss benoten, sollte erzieherisch wirken.

In manche wichtigen Dinge des schulischen Lebens soll und muss man die Kids einbeziehen, in jedem Bereich ist das allerdings nicht sinnvoll. Dazu fehlt ihnen die Ausbildung, die Lebenserfahrung, das Wissen. Kinder ernst zu nehmen, ist dennoch möglich, ihre Wünsche zu berücksichtigen, sie nicht kaltherzig abzuweisen und gleichzeitig Grenzen zu setzen, das ist notwendig zu ihrem eigenen Vorteil und Schutz.

Es ist sehr empfehlenswert, keine Lieblingsschüler aufzubauen. Andere fühlen sich sofort zurückgesetzt, möglicherweise „vernachlässigt" und verfallen in eine Trotzhaltung oder sind beleidigt.

Die menschliche Nähe muss immer wieder das Eis der Distanz brechen, wenn man an das Herz des Kindes herankommen will, um echte „Hilfestellung“ geben zu können. Hilfe brauchen viele. Tendenz steigend!

Wenn man Kinder ernst nimmt und auf sie eingeht, kann man es schaffen, aus Leistungsverweigerern Leistungsträger oder zumindest passable Schüler in der Klasse zu machen.

Ich denke, meine Schüler haben mich unter anderem auch deshalb akzeptiert und ernst genommen, weil ich meine eigenen Gefühle wie Begeisterung, Euphorie, Empathie, Wut, Enttäuschung oder Trauer nie unterdrückt habe. Auch Lehrer müssen mit manchem fertig werden, nicht nur Kinder.

Ein Gefühl der Solidarität hilft, man lernt zusammen, fühlt mit und bemerkt schneller, wenn es Probleme und Sorgen gibt.

Je erfahrener ich wurde, desto klarer habe ich gespürt, du musst die Kinder genauso ernst nehmen wie Erwachsene, auch wenn sie noch „unreif“ sind, noch viel lernen müssen, Fehler machen, viel ausprobieren wollen, zum Beispiel, wie weit sie bei der Lehrkraft gehen können. Die Aufregung und das Gerede von der Pubertät, die angeblich so schlimm sei, konnte ich in all den Jahren nicht bestätigen.

Mein Fußballtrainer hat zu mir – als zwanzigjährigem Spieler – gesagt, ich würde mich ja noch bei meinem Gegenspieler entschuldigen, obwohl der mich gefoult hat. „Es gibt aber auch unabsichtliche Fouls“, bemerkte ich. „Und Shakehands ist immer gut, wenn man Fairplay ernst nimmt.“ Dann kommt nämlich Spaß am Sport auf und die Spielfreude wird nicht mit Füßen getreten. Das habe ich schon mit zwanzig kapiert und es ist schön, wenn man in seiner sportlichen wie auch in der beruflichen „Laufbahn“ ohne zu viel Stress und Streit auskommt.

Fairplay, Gerechtigkeit und die Würde des Menschen unterscheiden nicht zwischen Groß und Klein! Mehr Spielraum und

Freiraum brauchen die Kinder natürlich, sonst können sie sich nicht entfalten und ihre Talente selbst entdecken.

## 18) Klassenlehrer

Die Klassenlehrerfunktion war für mich eine ganz besonders wichtige Sache. Durch meinen stark vom Sportlichen geprägten pädagogischen Ansatz habe ich mit aller Kraft versucht, ein Team aus meiner Klasse zu formen, das sich gegenseitig unterstützt und stark macht. Wie beim Fußball habe ich bisweilen gesagt: „Wir verlieren zusammen und wir gewinnen zusammen." Wobei Letzteres im Hinblick auf die Abschlussprüfung bei meiner Klasse und mir ganz oben stand. Ich musste meine Schüler manchmal wie ein Rechtsanwalt verteidigen, vor allem die männlichen, selbst gegenüber der Schulleitung. Da ich zum Teil fünf Fächer in der Klasse unterrichtete, was in der Realschule durchaus nicht üblich war, hatte ich einen beträchtlichen erzieherischen Einfluss auf meine „Mannschaft". Das war mir recht, wahrscheinlich kam ich dadurch jedes Jahr mehr zum dozierenden Unterricht mit allen im Zimmer, weil ich spürte, Einzelne werden besser, wenn sie permanenten Rückhalt spüren und nicht von zufällig ausgewählten Gruppenmitgliedern geärgert oder negativ beeinflusst werden.

Im Ruhestand nehme ich hin und wieder ein Fotoalbum zur Hand, das mir die Schüler zur Erinnerung geschenkt haben. Ich schaue mit Freude die Fotos an und lese noch einmal die Dankesworte, die mir „die Meinigen" am Ende ihrer Schulzeit gewidmet haben. „Ich hoffe, Sie haben auch ohne uns noch Spaß an der Schule." „Ich wünsche Ihnen noch viele schöne Jahre an der Realschule." „Danke für die zwei schönen Jahre." „Jetzt geht der Ernst des Lebens los." „Ich wünsche Ihnen viele nette Schüler." „Bleiben Sie so, wie Sie sind." „Ich hoffe, dass Sie auch ohne uns noch lachen können." „Viel Glück bei Ihrer weiteren Laufbahn als Lehrer." „Verlieren Sie niemals Ihr Lachen." „Ich danke Ihnen für alles." „Bleiben Sie die Ruhe in Person, das Aufregen bringt nichts." „See you later alligator", war auch nicht übel.

Ein sehr spezielles Lob lautete: „Keiner brachte den Übergang von Lyrik zu Abseits so gut rüber!" „Bleiben Sie immer am Ball." „Wer hätte gedacht, dass am Schluss eine 2 im Fach Deutsch im Zeugnis stehen würde? Vielen Dank und alles Gute!"

Man freut sich auch sehr über folgendes Schülerstatement: „Wäre toll, wenn es noch mehr Lehrer geben würde wie Sie." So viel Lob wie nach einer erfolgreichen Realschulprüfung bekommt man normalerweise sonst nicht. Klassenlehrer-Bonus? Mag sein.

Diese Zitate stammen übrigens von einer 10. Klasse mit elf Mädchen sowie sage und schreibe neunzehn Jungs! Ich empfinde Freude und verbinde schöne Erinnerungen beim nochmaligen Lesen dieser Wünsche, dieser Anerkennung und dieser Danksagungen. Natürlich war ich sehr froh, dass auch die Fachlehrer „meiner" Klassen immer wieder viel Lob und Anerkennung erhielten. Die Schüler spüren, wenn Pädagogen es gut mit ihnen meinen und an einem Strang ziehen.

Ich habe zum Hausmeister und dem Reinigungspersonal immer ein gutes Verhältnis gepflegt. In Gesprächen wurde mir bewusst, dass man als Klassenlehrer nicht alles mitbekommen kann, was im Schulhaus geschieht. Vieles wurde beschädigt, verschmutzt, herausgerissen und beschmiert. In den Toiletten seien die Mädchen sogar schlimmer als die Jungs, hieß es. In diesem Bereich mussten wir uns häufig mit dem unliebsamen Rauchen auseinandersetzen. Kein leichter Job für die guten Geister im Hintergrund, das alles in Schuss zu halten. Ich war einverstanden, dass die Reinigungskräfte auch das Recht hatten, meine Schüler anzusprechen. Alle Lehrkräfte haben ein großes

Interesse daran, dass nichts mutwillig beschädigt oder verschmutzt wird. Eine Reinigungskraft hat das wohl etwas übertrieben und sich im Ton vergriffen, da hatte ich anschließend den Eindruck, dass manche zum Trotz was „anstellten". Ja – wie immer: Der Ton macht die Musik!

Oft war es tatsächlich mein „sportlicher" Ehrgeiz als Klassenlehrer, mit meinen bis zu 33 Zehntklässlern und auch mit anderen jüngeren Schülern hohe Ziele anzustreben. Es galt, das „Wir-Gefühl" zu stärken!

Wir sind die Klasse 7d, 8c oder 10b und wollen zusammenhalten, wir lassen uns kein Chaoten-Image anhängen.

Es gab gute Klassensprecher in vielen Klassen. Einer hat tatsächlich sechs Schuljahre lang dieses Amt ausgeübt, er war bereits vier Jahre „im Amt", als ich die Klasse übernahm. Auf ihn konnte man sich absolut verlassen. Er hat zum Klassenfrieden beigetragen, die Schüler in der SMV würdig vertreten, den Lehrerinnen und Lehrern im Namen der Klasse gedankt und nicht zuletzt mitgeholfen, neue Schüler in der Klasse zu integrieren. Toll!

Er hat mir sogar zum Abschied ein Lied gewidmet und in der Klasse mit seiner Gitarre vorgetragen.

Bei Sportturnieren gab es die Chance der aktiven Teilnahme und gleichzeitig die Möglichkeit, die eigene Klasse mit Sprechchören anzufeuern. Auch eigene T-Shirts für die Klasse wurden zum Teil von Eltern gesponsert und stärkten das Zusammengehörigkeitsgefühl.

Die Schüler haben gespürt, dass ich gern stolz auf sie war. Möglichst viele gute Leistungen bringen, Zeugnisse erreichen, für die sich niemand schämen muss, und vielleicht sogar Buchpreise holen. Es war unser Ziel, am Ende die beste 10. Klasse zu sein. Solche Ziele kann man in jeder Altersstufe formulieren.

Sich Ziele zu setzen ist gut, hart an der Verwirklichung arbeiten ist besser!

Es war eigentlich immer notwendig, vor allem die lernträgen Jungs und Mädchen anzustacheln, damit sie aufwachen und nicht resignieren. Wir sind eine Klasse. Ich habe immer bewusst das Wort „Wir" betont. Zu diesem „Wir" gehörten auch alle Kolleginnen und Kollegen, die in der Klasse unterrichteten, unser Lehrerteam.

Dem bedeutenden Pfarrer Henhöfer aus unserer Region wurde nachgesagt, dass er manchen „Nagel" in der Predigt mehrmals einschlug. Dinge, die mir wichtig waren, habe ich auch gern wiederholt, in Sachen Erziehung und Unterricht und wohl auch im vorliegenden Buch. Ich weiß, dass alle Kolleginnen und Kollegen immer wieder „predigen" mussten. Übertreiben darf man nicht, denn sonst nervt das die Schüler zu sehr und der „Schuss geht nach hinten los". Positives Verstärken ist besser, doch das fällt einem nicht immer leicht, wenn Kids beratungsresistent sind.

Es war für mich wichtig, als Klassenlehrer mehrere Fächer in meinen Klassen zu unterrichten. Im Idealfall waren es Deutsch, Geschichte, Gemeinschaftskunde, Religionslehre und Sport. Man sah die Schüler dadurch häufiger und hatte mehr Einflussmöglichkeiten. Es machte mir Spaß, nicht nur auf zwei Fächer festgelegt zu sein. Ich weiß, dass sich reine Fachlehrer schwerer tun.

Meistens hatte man eine Klasse zwei bis drei Jahre als Klassenlehrer, einmal waren es sogar fünf Schuljahre hintereinander. Für mich eine schöne Möglichkeit, in erzieherischer Hinsicht etwas zu bewirken. Es war auch herrlich, wenn man die jungen Leute in der 5. oder 6. Klasse unterrichtet hat und später dann in der Abschlussklasse. Wir schauten gemeinsam die alten

Fotos an und staunten: „Waren wir das?" Tempora mutantur. Viele sagten zu mir, ich würde gar nicht älter werden. „Wer ständig mit der Jugend zu tun hat, bleibt am Ball!", war meine Antwort.

Auf viele Schüler und Klassen konnten wir an unserer Schule stolz sein. Die allermeisten hatten die richtige Schulart gewählt.

Wer gern in die Schule geht und Erfolg hat, der stört nicht, habe ich schon vor langer Zeit festgestellt und das glaube ich auch heute noch. Gemäßigte, humorvolle Töne kommen gut an.

Es gibt im Lehreralltag, häufiger, als man will, leider auch Situationen, da geht es nicht ohne Emotionen ab und bei mir wurde es dann tatsächlich auch mal laut. Lieber ein reinigendes Gewitter, *ein Ende mit Schrecken*, durchzuckte es mich. Ein *Schrecken ohne Ende* im Unterricht hätte ich nicht ertragen können. Gardinenpredigten mit Maß und einem Ziel: besserer Zusammenhalt der Klasse.

Natürlich muss man verzeihen können und als Lehrer viel schlucken, aber sieben mal siebzig mal verzeihen – wie es im Neuen Testament heißt – habe ich nicht ganz geschafft.

Die Schüler haben mir meine lautstarken Auftritte offensichtlich nicht allzu übel genommen, so viele waren es ja nicht und ich darf behaupten, dass ich anschließend auch in der Lage war, mich zu entschuldigen, wenn ich jemand ernsthaft zu nahe getreten oder über das Ziel hinausgeschossen bin.

Ich habe die Mädchen und Jungs in der Klasse immer als Einheit gesehen und zum größten Teil nicht vergeblich gehofft, dass sie intern einiges regeln und die Hilfestellung von uns Lehrkräften annehmen, in allen Fächern und sogar in ihrem Verhalten außerhalb der Schule. Als Klassenlehrer freut man sich sehr, wenn sich Schüler gegenseitig positiv beeinflussen. Gemeinsam waren wir stark.

Wert gelegt habe ich immer auf ein Klassenzimmer, in dem man sich wohlfühlen konnte. Ich wollte nie über Müll stolpern, wenn ich zum Unterricht kam. Ein einziger Hinweis am Schuljahresbeginn war notwendig. Mülleimer hochhalten, Ansage: „In den Pausen hier den Müll rein, Bewegung tut gut, nicht während des Unterrichts durch die Gegend laufen!"

1998 durften wir unsere Zimmerwände selbst gestalten, die Gemeinde spendierte sogar einen Zuschuss für die Klassenkasse. Meine Klasse malte bis in die Abendstunden und es wurde mit Farbe nicht gespart. Mir gefiel das Resultat sehr und ich erlaubte sogar eine Graffiti-Seite. Bärenstark.

Lebensfreude pur in der Schule, im Klassenzimmer. Bald aber musste der farbenfrohe Klassenraum auf Anweisung der Schulleitung wieder einer neutralen grauen Wandgestaltung weichen. Schade, aber die Fotos habe ich noch!

Ja – als Klassenlehrer habe ich in jedem Fall konstatiert, dass die Verantwortung für die „Meinigen" recht groß war. Manchmal bin ich durch diese Verantwortung etwas verkrampft gewesen. Ähnlich wie im Ehrenamt meines Vereins: Wenn man Verantwortung ernst nimmt, fällt es schwer, immer locker und cool zu bleiben.

Als Klassenlehrer war ich pädagogisch immer sehr nah an den Schülern dran, auch am Erfolg oder Misserfolg. Keinen „fallen lassen", nie jemand als hoffnungslosen Fall erklären, war von eminenter Bedeutung für mich. In dieser Hinsicht bewundere ich Bundestrainer Jogi Löw, der so schnell keinen Profi fallen lässt.

Sachbeschädigungen habe ich bekämpft, manchmal mit der Drohung, den Eltern eine entsprechende Rechnung zu schicken. Besonders in unserer Sporthalle galt es, Beschädigungen und

Schmierereien zu verhindern, um anderen nicht die „Munition“ für noch mehr Unsinn zu liefern.

Unser Hausmeister hat im Auftrag der Schulleitung das Meiste schnell repariert und vor allem dumme Sprüche übermalt. In manchen Sporthallen oder Schulen waren übelste „Wandmalereien“ und Schmähungen monatelang zu sehen. Das reizt zum Nachahmen, wenn man den „Schrott“ nicht schnell beseitigt.

Die Aufsichtspflicht ist nicht unbedingt ein Spaßfaktor, aber durchgehend äußerst wichtig für jede Lehrkraft. In den Pausen kann viel passieren. Da die Gemeinde viel für unsere Schule getan hat und auch die Bücher zur Verfügung stellte, mussten wir Lehrer sehr darauf achten, dass diese einige Jahre hielten und nicht mutwillig zerstört wurden. Es war für mich ein schöner Tag, wenn am Schuljahresende festgestellt wurde, dass die zurückgegebenen Bücher meiner Klasse ohne Beanstandungen kontrolliert worden waren und weiterhin verwendet werden konnten.

Bisweilen habe ich meinen Schülern auch Dinge zugemutet, die nicht jeder wagt. In Klasse 10 habe ich einmal den besten Mathematiker gebeten, sich für ein paar Wochen neben den Schlechtesten in diesem Fach zu setzen. Ich unterrichtete dieses Fach zwar nicht, sah es aber kommen, dass die Mathe-Schwäche das Aus in der Prüfung für den Überforderten bedeutet hätte. Mein treuer „Superschüler“ tat mir den Gefallen und der Schwache konnte sich bald auf die Note „ausreichend“ verbessern. Das hatte nichts mit Abschreibenlassen zu tun, sondern durch manche Schüler geht tatsächlich ein Ruck, wenn die Hilfe ganz nah ist. Es gibt Schüler, die ein Problem ganz gut erklären können, selbst in einer Pause. Hört man Gleichaltrigen besser zu? Als Klassenlehrer erfährt man manche Sorgen der angehenden Prüflinge auch in anderen Fächern und versucht zu helfen.

## 19) Schutzraum Schule

Immer wollte ich meine Schüler beschützen. Vor zu viel Lautstärke im Klassenzimmer und den in Schülerkreisen häufigen Kopfschmerzen oder Bauchschmerzen, vor zu viel Stress und der damit verbundenen Schulangst, vor ständigem Frust, vor ihrem eigenen jugendlichen Leichtsinn, vor Mobbing der Mitschüler, vor dem Resignieren und Aufgeben, vor zu viel Leistungsdruckruck wie bei Erwachsenen, aber auch vor der eigenen Faulheit und Trägheit. Wie ist das bei Chefs oder Ausbildern in anderen Berufen? Da kann ich nicht mitreden.

Die Kinder sollten jedenfalls in meinem Unterricht das Gefühl haben, dass es mir wichtig ist, sie – so gut ich kann – zu schützen und gleichzeitig zu motivieren. Ich denke, gerade im Rückblick, das ist eine wichtige Aufgabe gewesen und wird es für Lehrer immer sein.

To make the best of it. Irgendwie muss man auch die unterschiedlichsten „Rollen" mit Optimismus übernehmen: Seelendoktor, Ersatzvater oder Geburtshelfer für Lernprozesse. Im Ruhestand glaube ich feststellen zu können, dass die meisten Schüler auch mich schützen wollten, vor Frust, Resignation oder Verbitterung. Man wollte weiterhin den fröhlichen Lehrer vor sich sehen, der seinen Beruf liebt!

Ich glaube, dass ich – bewusst oder unbewusst – auf meine Weise eine kleine heile Welt im Klassenzimmer schaffen wollte. Zu wilden, undisziplinierten Klassen, die ich übernommen habe oder in Vertretung unterrichten musste, sagte ich: „Wenn ich im Zimmer bin, ist alles in Ordnung, keine Sorge, liebe Leute." „Atmet ganz tief durch, alles wird gut!" Ein ernst gemeinter, bisweilen recht fester Unterton meinerseits war dann nicht zu überhören. Bei renitenten Klassen, die ich noch nicht kannte, war ich zunächst wirklich streng und überdeutlich in meiner Ansprache, Privatgespräche der Kids habe ich klipp und klar in die Pausen verwiesen! Du kannst erst sinnvoll unterrichten, wenn eine aufmerksame Gruppe vor dir sitzt, die überhaupt daran denkt, lernen zu wollen. Das klappt auch, ohne stundenlang zu differenzieren. Ich konnte nicht die Hälfte nach Hause schicken und mit den Guten lernen. Die zwei, drei Hauptstörenfriede konnte man immer relativ schnell erkennen und sich ihnen widmen, mit Fairplay versteht sich. „Komm bitte mal nach vorne zu mir, stell dich neben mich und erzähle der Klasse, warum du vor meinem Stundenbeginn hier so herumbrüllst und das Eigentum deiner Mitschüler kaputt machst!" Recht schnell werden Angeber, Mini-Chefs und coole Aufschneider friedlich, wenn man ihnen deutlich Grenzen aufzeigt. Man kann sich von ein paar Wenigen den Lernerfolg und das Verhalten der Klasse nicht kaputtmachen lassen!

Bei chaotischen Burschen kam bis zur 7. Klasse vor der offiziellen Begrüßung in einigen Fällen mein Ausruf im Zimmer: „Zwergenaufstand, liebe Leute oder was ist los hier?" Das war nicht oft notwendig, in den meisten Klassen dauerte es nur Augenblicke, bis ich die „Herrschaften" so weit hatte, mir zuzuhören.

Manche Lehrkräfte machen den Fehler, störende Schüler vor die Tür zu stellen, das war schon in meiner eigenen Schulzeit „beliebt". Ein Lehrer in meiner Gymnasialzeit hat manche Klassenkameraden von mir vor die Tür geschickt und nach fünf Minuten diese schwere Klassenzimmertür mit Vehemenz geöffnet. Er wollte verhindern, dass der Bestrafte lauschen oder durchs Schlüsselloch schauen konnte. Dummheit pur des Lehrers, er hat in Kauf genommen, einen Schüler zu verletzen. In der Presse war schon zu lesen, dass Schüler, die man vor die Klassenzimmertür geschickt hat, aus dem zweiten Stock gesprungen sind und sich erheblich verletzt haben. Manche Pädagogen in meiner Schulzeit warfen leider auch einen scharfkantigen Schlüsselbund durchs Zimmer, traten Kindern auf die Füße und machten anderen Unsinn, um Ruhe „in den Kuhstall" zu kriegen.

Rausschmeißen sollte man niemand. Du musst im Klassenzimmer direkt und ohne Zögern mit Störern klarkommen, allein schon wegen der Aufsichtspflicht. Wehret den Anfängen – das Chaos droht.

Halt, stopp – eine Ausnahme gab es auch hier. In einer 6. Klasse habe ich einmal einen Jungen für ca. drei Minuten vor die Tür gestellt, weil er mich im Nachmittagsunterricht mehrfach genervt hat. Nachträglich habe ich mich darüber geärgert, irgendwie war mein „Rekord" weg. Naja, drei Minuten von 40 Jahren. Ausnahmen bestätigen die Regel. Das hätte trotzdem nicht sein müssen – aus heutiger Alterssicht.

Ich erinnere mich auch an durchgeschwitzte Hemden, dem Stress geschuldet – ich musste wirklich viele Schüler unterrichten. Genau gezählt und addiert habe ich sie nie, überschlagsmäßig komme ich in den 40 Jahren mit meinem vollen Deputat auf etwa 6000 Schüler. Ich hätte vielleicht doch alle Notenbücher und Notenlisten aufbewahren sollen, habe mir aber gedacht, trenne dich von ihnen und gib sie in den Reißwolf. Bei Ehemaligentreffen habe ich zum Teil früher mein Notenbuch durch die Reihen der anwesenden Klasse gehen lassen. Lustig war's, wenn Noten unwichtig geworden sind.

Ein einziges Notenbuch habe ich aufbewahrt und gerade vor mir liegen, das von 2010/2011. Damals unterrichtete ich Deutsch (32 Schüler), Geschichte (32 Schüler), EWG (32 Schüler), evangelische Religionslehre (25 Schüler) und Sport (27 Schüler) in verschiedenen 10. Klassen. In diesem Schuljahr außerdem eine

Neunte (28 Schüler) und eine Achte (29 Schüler) im Fach Deutsch, dann noch im Sport die Klasse 9 in drei Gruppen, mit im Durchschnitt 25 Schülern, und eine weitere Neunte mit 30 Schülern im Fach evangelische Religionslehre. Ja, mein Deputat musste jedes Jahr „voll“ werden! Halleluja.

In diesem Schuljahr, das kann man ja zusammenzählen, musste ich also genau 260 Schüler – einige in mehreren Fächern – unterrichten und entsprechend viele Zeugnisnoten machen, plus vorher noch die sogenannten Halbjahresinformationen. Der Arbeitsaufwand war schon enorm. Es gibt Schüler, die zeigen durchaus unterschiedliche Stärken und Schwächen, wenn man sie mehrfach in verschiedenen Fächern würdigen soll.

Die „Festplatte“ meines Namensgedächtnisses ist übervoll nach 40 Jahren. Manchmal war es in dieser Hinsicht eine Erleichterung, wenn man Schüler längerfristig unterrichtet hat.

Wie viel Einzelnoten das immer waren, sei dahingestellt, ich schätze so um die 3500, schriftliche, mündliche, fachpraktische. Wohlgemerkt, in einem Schuljahr! Liebe Leser, das Ganze bitte mal vierzig!

Im Durchschnitt um die 200 Schüler pro Jahr, mal 40 Jährchen, das wären sogar 8000 Schüler, abzüglich der „Doppelten“ oder „Dreifachen“, dann komme ich in etwa auf die Zahl 5000 bis 6000 oder waren es doch mehr? Man entscheidet mit über Schicksale, das wird mir im Alter nun immer deutlicher und klarer. Ich frage mich manchmal, wie man das alles verkraftet hat. Aber gut, Lehrer haben ja viele Ferien.

Statistik ist nicht so wichtig, der Mensch zählt, jeder einzelne.

In den letzten Jahren stelle ich erfreut fest, dass meine Ehemaligen überall „verteilt“ sind. Vor kurzem habe ich Pellets für meine Heizung bestellt. Eine ehemalige Schülerin hat mich am Telefon erkannt und die Bestellung sehr freundlich entgegengenommen. Ich habe erfahren, dass sie gerade die Fachwirtprüfung und den Ausbilderschein macht. Toll. Andere treffe ich auf Straßenfesten, Sportplätzen, beim Shopping in Karlsruhe usw. Es ist wunderbar, wenn man Ehemalige wiedersieht, die gern zurückdenken.

Das Lachen, die Lockerheit und Fröhlichkeit im Unterricht wollen erarbeitet werden. Ich glaube, meine Schüler haben gespürt, dass ich sie vor manchem schützen wollte, und ich denke, viele haben das auch dankbar angenommen. Das habe ich vor allem in Gesprächen mit Ehemaligen festgestellt.

Den Begriff „Schutzraum Schule" habe ich oft auch in anderem Zusammenhang ins Spiel gebracht. Ich wollte meine älteren „Schützlinge" sensibilisieren, dass sie in ihrer Schulzeit hier bei uns noch vor vielem geschützt sind, was sie später mit relativ großer Härte erwartet.

Das sollte keine Angstmacherei sein, sondern der Hinweis, dass wir viel tun müssen, um die Befähigung für einen Beruf und die täglichen Herausforderungen der Erwachsenen-Welt nicht zu blauäugig, fahrlässig und ohne ein gutes Basiswissen anzugehen. Auch auf die notwendige Belastbarkeit und „Abhärtung" habe ich hingewiesen und mit Beispielen aus meinem eigenen Leben belegt. Das kam ganz gut an.

Im Geschichts- und Gemeinschaftskundeunterricht habe ich zur vollen Stunde recht häufig aktuelle Nachrichten im Radio mit meinen Klassen angehört und damit die aktuelle Realität ins Klassenzimmer geholt. Oft schrieb ich mit Abkürzungen an der Tafel mit und habe anschließend die Klasse getestet, ob man diese Nachrichten vollständig wiedergeben kann und manche sogar „verstanden" hat.

Zum Teil haben wir dann diese „News" mit dem Kapitel des Geschichtsstoffes verglichen, das gerade behandelt wurde. Da genügten oft schon drei Nachrichten und drei Vergleiche: Rechtsradikalismus heute / Wahnsinn der Nazis. Splitterparteien heute / Weimar. Bürgerkriege in Afrika heute / Kolonialismus europäischer Nationen.

Die Realität ist leider oft knallhart und gleichzeitig lehrreich. Genug Diskussionsstoff, selbst für eigentlich nicht an Geschichte oder Gemeinschaftskunde Interessierte.

Im Ruhestand las ich, dass man die politische Bildung in der Schule ausbauen müsse, ansonsten können Jugendliche nicht mehr mitreden. Richtig!

Bei der Besprechung dieser aktuellen Nachrichten machten vor allem lebhafte Jungs erstaunlich gut mit. Das hat mir gefallen. Erstens fällt dadurch Störpotential weg und zweitens können sie in diesem Zusammenhang auch den Mitschülern mal zeigen, dass sie auch „was drauf haben", und zwar im politischen und aktuellen Wissen, nicht nur im Sport.

Man kann fast alle Themen des Lehrplans an der Aktualität orientieren.

Im Fach Religionslehre habe ich die Aktualität durch manche Zeitungsausschnitte ins Zimmer geholt und mit dem Neuen Testament verglichen, vor allem mit den 10 Geboten.

Aufsatzthemen in Klasse 8 bis 10 fordern geradezu, dass Jungs und Mädchen aktuelles Wissen einbringen.

Wichtig für mich war: den Schülern die Realität vor Augen führen. Es soll niemand „weltfremd" oder „blauäugig" werden. Es macht Spaß, wenn du mit einer Klasse über Aktuelles diskutieren kannst. Wenn sich dabei alle diszipliniert benehmen, lernt jeder etwas dazu. Schüler, die Zeitung gelesen haben oder sich die Tagesschau ansahen, waren klar im Vorteil. Da konnte ich so manchen Pluspunkt im Notenbuch notieren, der dann sogar Mitschüler motiviert hat, sich mit Aktuellem zu befassen.

Die gute alte Mitarbeitsnote hat sich 40 Jahre lang bewährt, in allen Fächern, auch im Sport als engagierte „Leistungsbereitschaft".

Manchmal musste ich aufpassen, dass ich wieder die Kurve kriegte vom Aktuellen zum Unterrichtsstoff. „Sie reden sehr viel", okay, ich wollte eigentlich immer alles bis ins Kleinste erklären, weil mir das Spaß machte.

Recht viele sind angeregt worden, sich mit der Wirklichkeit außerhalb des „Schutzraums Schule" endlich genauer zu beschäftigen. Dadurch konnten manche in kürzester Zeit bei Problemen und aktuellen Fragen besser mitreden, was ihnen in der Klasse zuvor noch nicht gelungen war.

Fast alle haben mir nach der intensiven Besprechung aktueller Themen geglaubt, dass sie sich tatsächlich im Schutzraum Schule befinden.

## 20) Dauermotivator

Wie kann man Kinder und Jugendliche motivieren?

Wichtig war für mich immer, nicht auf den Schwächen Einzelner „herumzureiten", sondern nach den Stärken zu suchen. Fehler und Schwächen sollten niemals in den Vordergrund gerückt werden, sonst kann man junge Leute meines Erachtens zu nichts motivieren. Junge Leute merken recht schnell, ob der „Alte" selbst motiviert ist und seinen Beruf gern ausübt. „Trau keinem über 30", eine bekannte und vielleicht verinnerlichte Redensart bei jungen Leuten. Wer aber als Lehrer Freude statt Frust ausstrahlt, hat fast schon gewonnen! Ich denke im Ruhestand: Gilt das nicht für alle Berufe?

Es gilt Brücken zu bauen vom Unterrichtsstoff zum Kind, zum Jugendlichen. Du musst die Thematik der Stunde vom tiefen dunklen Brunnen der „Langeweile" herausholen ans Tageslicht, beleuchten mit der Strahlkraft des Unbekannten, Neugier wecken, den Stoff wegziehen vom Image des Unwichtigen oder des Lächerlichen.

Manchmal halfen mir spontane Einfälle: Wir stehen alle auf und lesen gemeinsam die ersten fünf Überschriften der Hauptartikel im Buch. Einer erzählt kurz und knackig, was er zum Thema schon weiß. Wer kann die Überschrift erklären oder etwas Wichtiges ahnen? Wie gesagt: im Stehen.

Oder: leise und ungestört eine Seite im Unterricht lesen, jeder eine andere. Was konnte ich mir merken? Wer wagt eine kleine Zusammenfassung für die Mitschüler? Spannend, wenn Ruhe herrscht. „Über sieben Brücken musst du geh'n", nein, über hundert Brücken, wenn es sein muss, auch über Eselsbrücken. Die Schüler sollten manchmal einen Reim erfinden, um einen Begriff zu erklären. Das klingt wie in der Grundschule, kann aber auch mit 16 Spaß machen, selbst wenn mal was Blödes kommt. Lachen ist sehr motivierend, nur bitte kein Auslachen.

Die Aktualität des Weltgeschehens hat mir oft „Steilvorlagen" geliefert, um einen interessanten Themenbezug herzustellen, der viele angesprochen und aus der „Reserve" gelockt hat. Manchmal musste ich sogar bremsen, weil sich viele meldeten, die etwas zum Thema aus eigener Erfahrung beitragen konnten, von Klasse 5 bis 10.

Für mich als Lehrer galt immer wieder, du musst selbst motiviert sein, die Kinder spüren schnell, ob du Lust hast zu unterrichten oder ob du dich zwingen musst, morgens zum Unterricht zu erscheinen! Vorbild sein, pünktlicher Unterrichtsbeginn, Verzicht auf anbiedernde Sprache, dafür Höflichkeit und Humor, keine Schlitzohrigkeit, freundlicher Umgangston.

Sportliche Auflockerungsübungen einstreuen, war in Randstunden ebenfalls motivierend, Sauerstoff wirkt Wunder, darauf will ich noch eingehen. Manchmal – bei großer Hitze im Zimmer – habe ich in flottem Tempo mit jüngeren Schülern einen kurzen Spaziergang im Schatten ums Schulgelände gemacht.

Man muss ohne Zweifel also selbst motiviert sein, Leistung zu bringen, wenn man junge Leute motivieren will. Spannung aufbauen und aufrechterhalten. Das Schlimmste für den Unterricht ist gähnende Langeweile. Langeweile ist die Ursache für viele Unterrichtsstörungen. Wie war das mit dem „Müßiggang"? Die Schule darf nicht zur „Penne" werden, auch nicht zum „Notengefängnis".

Krankheiten sind ansteckend. Ein motivierter, erfahrener „Typ" im Klassenzimmer kann „ansteckend" sein, im positiven Sinn. Eigentlich sollten ja eher junge Lehrkräfte Vorteile haben in Sachen Motivation, Power, Elan und Unbekümmertheit. Man kann aber auch noch mit 60 elanvoll unterrichten.

Angst vor der Schule kann keine Strahlkraft für die Motivation erzeugen.

Es ist kein Geheimnis, dass man leider auch mit Notendruck „motivieren" kann, mit Strenge, mit Bevormundung. Das ist gefährlich, Lernen auf Druck, aus Angst vor schlechten Noten, das ist nichts Bleibendes! Ich glaube nicht, dass dann bei Schülern viel ins Langzeitgedächtnis übergeht. Das hat mit guter Motivation nichts zu tun, auch wenn das tagtäglich so gemacht wird.

Motivieren, das „tägliche Brot" des Pädagogen. Was erleben die Schüler später als Studenten in überfüllten Hörsälen? Unterricht des Professors, meist mit dem Mikrofon, mit Großleinwand und Computerunterstützung. 1000 Studenten hören zu und schreiben mit. Sie sind fasziniert, wenn eine Professorin oder ein Professor gut ist und sie motivieren kann.

Ich habe zu motivieren versucht: mit leiser Stimme, mit zunehmender Lautstärke, mit Gesten, unter Einbeziehung guter, rhetorisch cleverer Schülerbeiträge, teilweise sogar mit Redebeiträgen von Schülern, die ich noch zusätzlich beaufsichtigen sollte. Später auch mit erfreulichen Besuchen und Statements ehemaliger Schüler, mit Zeitungsausschnitten, mit guten Aufsätzen, die ich auszugsweise mit hörbarer Stimme und Diskussionsmöglichkeit vorgelesen habe, mit einem Lied, das ich für die Klasse gedichtet hatte, mit mancher Erzählung aus meinem Leben und meiner eigenen Schulzeit, mit konzentrierter Besprechung aus sinnvollen Unterrichtsbüchern, mit gestalteten Tafelanschrieben und vielem anderen mehr, mit der Bekanntgabe des aktuellen Notenstands, mit der Erwähnung sportlicher Höchstleistungen ihrer Alterskameraden ...

Die Möglichkeit für Schüler, jederzeit sinnvolle Fragen stellen zu können, war für die meisten ebenfalls motivierend!

Nochmals komme ich auf das Thema „Reden lernen“ zurück, das freie Sprechen vor einer Gruppe. Das hat manche motiviert, gerade im Unterricht mit der ganzen Klasse, auch mit 30 Schülern. Jungs hatten in dieser Hinsicht mehr Mut als Mädchen, aber das kann mit meinen Fächern zu tun gehabt haben.

Selbst schüchterne Kids freuen sich, wenn sie mal ungestört ohne Albernheiten der anderen und ohne Mobbing was sagen dürfen. Man kennt ja den guten Spruch: Stille Wasser sind tief. Nur zutrauen muss man diesen jungen Menschen etwas, sie aufrufen und sie erzählen lassen, sonst verstummen sie immer mehr und werden ewig der „schweigenden Mehrheit“ angehören, die nie gelernt hat, sich richtig und angemessen zu artikulieren. Es gehörte zu den schönsten Momenten, wenn ein schüchterner „Stiller“ geredet hat.

Mit der Zeit konnte ich in meinen Klassen zumindest ein gutes Diskussionsniveau erreichen, das zum Teil mancher Erwachsenenrunde zur Ehre gereicht hätte, bei der man oft gar nicht mehr zuhört oder beleidigende Zwischenrufe macht. Vielleicht glaubt mir das niemand, außer meinen Schülern, die ich jahrelang unterrichtet habe. Meinen Jungs und Mädchen habe ich mehr als einmal gesagt, dass ich stolz auf sie bin.

Viele Erwachsene haben in ihrer Kindheit vor lauter Schüchternheit, falscher Rücksichtnahme, Zurückhaltung oder Mobbing nie ihr Selbstvertrauen vor einer Gruppe stärken können und wollen dann auch z. B. niemals Elternvertreter werden oder ein Vereinsamt übernehmen oder sie tun sich im Beruf schwer, wenn es gilt, ein paar Worte vor einer Gruppe zu sprechen. Jegliche Position in höherer beruflicher Ebene wird wesentlich erleichtert durch gute Rhetorik.

Ab Klasse 8 kannst du deine Schüler auch mit diesem Hintergrund ihrer eigenen Zukunftsperspektive zum freien Sprechen motivieren. In der Schule kommt noch ein Weiteres hinzu: sich freisprechen, reden über Probleme, noch besser über Positives, sonst packt dich höchstwahrscheinlich der Schulfrust, denke ich heute mit 66 Jahren.

Mathe-Unterricht ab Klasse 8 fand ich als Schüler schlimm, weil mir kein Lehrer jemals gesagt hat, wofür ich diese komplizierte Gehirnakrobatik später einmal brauchen könnte. Wenn man mir wenigstens erklärt hätte, dass man logisch denken lernt oder mir ab und zu einen Realitätsbezug klargemacht hätte, meinetwegen mathematische Formeln und Kenntnisse anwenden, um Roboter zu bauen, Brücken zu sanieren, Hochhäuser sturmsicher zu machen. Vielleicht wäre dann sogar Mathe spannend gewesen. Hitler, der Verbrecher, hat auf menschenverachtende Weise versucht, die Schüler für Mathematik zu begeistern. Sie sollten ausrechnen, was ein Behinderter den Staat kostet, um schon die Jungen zu überzeugen, „lebensunwertes" Leben, wie er und seine Bande das nannten, zu vernichten. Motivation zum Töten oder stumme Beihilfe dazu. Verbrecher können motivieren. Leider! Er hat sogar ein ganzes Volk motiviert, in den Krieg zu ziehen.

Zum Lernen motivieren, zu fairem Verhalten motivieren ist eine tägliche Herausforderung und unabdingbare Notwendigkeit für Lehrkräfte, solange es diesen Berufsstand gibt. Manches kann allerdings lächerlich werden, wenn du nicht mit deiner ganzen Person überzeugend dahinterstehst.

Der Kreativität sind beim positiven menschlichen Motivieren keine Grenzen gesetzt.

Der Übergang vom motivierenden Humor zu ernsthaftem Arbeiten ist nicht immer einfach. Man muss sich selbst als Lehrer Ziele setzen als Eigenmotivation, zum Beispiel den vorgegebenen Lehrplan mit Elan anzugehen. Auch den Schülern muss klargemacht werden, dass es sehr helfen kann, wenn man ein bestimmtes Ziel vor Augen hat, sei es auch noch so klein. Zu große, unerreichbare Ziele sind eher demotivierend. Wenn es dem Lehrer gelingt, auch beim Erreichen eines kleinen Ziels oder „Etappenerfolgs“ eine Bestätigung – in welcher Form auch immer – zu geben, ist schon viel gewonnen.

## 21) Zuhören

Das „Zuhören-Können“ scheint tatsächlich verloren zu gehen! „Alles schläft und einer spricht, so was nennt man Unterricht.“ Solche oder ähnliche Sätze sind ja bekannt. Jüngere Kolleginnen und Kollegen berichteten mir recht oft, dass Klassen immer lauter werden und das Zuhören den Kids schon allein wegen der Lautstärke, der Unruhe und des Geschreis gar nicht mehr möglich sei.

Blickkontakt, Körperspannung, aufrecht stehen, deutliches Sprechen von den Kindern einfordern – selbst sehr deutlich und klar sprechen!

Es soll Lehrkräfte geben, die in zwei Metern Abstand nicht mehr zu verstehen sind! Es kann durchaus nicht schaden, ein gewisses schauspielerisches Potential zu besitzen, Entertainer-Qualitäten können wie erwähnt Kinder sehr faszinieren und selbst laute Klassen werden leise.

Man kann es schaffen, die Kinder mit guter Rhetorik neugierig zu machen.

Man darf nicht übertreiben, sonst wird es albern. Da musste ich mich manchmal bremsen, das gebe ich zu.

Wenn wir Lektüren gelesen haben, z. B. den „Hauptmann von Köpenick“, war ich nicht mehr zu halten. Die Szene, welche Berlin im Kaiserreich als Schmelztiegel der Dialekte zeigt, war eine von vielen Chancen für mich, ein gewisses schauspielerisches

Talent und meine Dialektkenntnisse in den Unterricht einzubringen.

Carl Zuckmayer hat an einer Stelle des Bühnenstücks fast sämtliche deutschen Dialekte eingebaut, die ich mit Elan und so gut ich konnte vorgetragen habe.

Da kam Freude auf, bei mir und meinen Lieben. Sächsisch, Bayrisch, Schwäbisch, Ostpreußisch, alle hörten gebannt zu! Man hätte die berühmte Stecknadel fallen hören.

Die Schüler waren dann auch motiviert, sogar den Sinn dieses Stücks zu begreifen: dass im deutschen Kaiserreich das Militär eine viel zu große Bedeutung hatte, die Bürokratie ebenfalls. Die Schüler erkannten, dass zu großer Nationalismus schadet, wenn damals z. B. der Sedanstag mit dem Sieg über Frankreich übermäßig gefeiert wurde und man damit die Friedenspolitik mit Füßen trat. Selbst ein falscher Hauptmann hatte im Kaiserreich leichtes Spiel, alle an der Nase herumzuführen.

Wir haben uns im Klassenzimmer auch den Film mit Heinz Rühmann angeschaut und viel Spaß gehabt. Hitler hasste dieses Werk, hat Carl Zuckmayer geächtet und Aufführungsverbot erteilt.

Hätte man doch diesen Adolf Hitler spätestens 1938 nach Österreich zurückgejagt! Tatsächlich musste leider Carl Zuckmayer – wie viele kluge Köpfe und Autoren – fliehen, zuerst nach Österreich, dann in die Schweiz und die USA. Schon wieder komme ich in meinem Buch auf diesen größenwahnsinnigen Hitler zurück, er hat bleibenden Schaden für Deutschland angerichtet.

In einem freudvollen Unterricht kann man zu vielen Mitteln greifen: Beispielsweise bringt ein Verfremdungseffekt, wie Bert Brecht das in seinen Stücken gemacht hat, aufmerksame Schüler hervor. Manches wird interessant, wenn man es auf fantasievolle Weise verfremdet.

Selbst Stellung beziehen, ist wichtig im Unterricht – ein Kind wird zuhören, wenn die Lehrkraft etwas mit Überzeugung von sich gibt. Ich habe oft meine Meinung im Unterricht offensiv vertreten und diese detailliert begründet.

Rhetorisch ist man als Pädagoge sehr gefordert, es gibt aber auch beachtliche Redetalente unter den Kids, die gern etwas vor der Klasse vortragen.

Das ist natürlich nur sinnvoll, wenn man es immer wieder schafft, die erwähnten Störungen durch allzu „witzige" Klassenkameraden zu unterbinden, wenn es sein muss mit klarer Ansage. Unterrichtsstörungen können „Kettenreaktionen" hervorrufen, dann hört keiner mehr zu.

Verboten für Lehrkräfte: Demagogie, Hetze, Hochnäsigkeit, Machtgehabe und meiner Ansicht nach auch Egoismus. Dieser ganze Wahnsinn war und ist in Diktaturen leider Alltag und offenbar sogar heutzutage noch erfolgreich. Irgendwann wird hoffentlich jeder Verführer durchschaut und abgewählt, wenn die Demokratie dann noch Bestand hat.

Ich muss bei diesem Kapitel allerdings eingestehen, dass mir selbst das Zuhören bisweilen schwergefallen ist. Ein Pfarrer, der nur abliest, ein Redner, der nur Negatives hervorhebt, Diskussionsteilnehmer in Konferenzen, die so manches zerreden, Selbstdarsteller, bei denen man spürt, dass keine Substanz dahintersteckt, oder Schüler, die unsinnige Beiträge mit Störpotential abliefern, da hatte ich meine Probleme beim Zuhören.

Ich glaube, du wirst nur gute Zuhörer haben, wenn du wirklich etwas zu sagen hast, und selbst das musst du rhetorisch exzellent verpacken.

## 22) Kontraproduktives verkraften

Erleben wir in den letzten Jahren eine Verrohung unserer Gesellschaft? Gaffer fordern einen Mann in Baden-Baden zum Selbstmord auf und wollen das noch filmen. Polizisten und Helfer werden angegriffen und bespuckt. Neid, Lügen, Betrug und Imponiergehabe stellen alles in Frage, was man in der Erziehung beabsichtigt. Der Fairplay-Gedanke hat es schwer, wenn er so mit „Füßen getreten" wird! Ich kann mich hier nur noch einmal wiederholen: Man gilt wahrscheinlich sogar als naiv und weltfremd, wenn man sich für faires Verhalten einsetzt. Erich Kästner hat einen denkwürdigen Satz gesagt: „Es gibt nichts Gutes, außer man tut es!" Man muss immer wieder nachweisen, dass man Fairplay ernst nimmt und nicht heuchelt, nur um in der Öffentlichkeit als „guter Mensch" dazustehen! Blender kennen kein Fairplay, ebenso wenig wie Despoten.

Wollen Eltern überhaupt noch, dass man ihren Kindern den Fairplay-Gedanken ins Herz pflanzt? Ist in einer reichen „Ellenbogengesellschaft" für Fairness überhaupt noch Platz? Musst du nicht besser täuschen, lügen und die Leute „verarschen", um erfolgreich zu sein? Harte Fragen, die ich mir mit 66 Jahren und viel Lebenserfahrung mittlerweile stelle!

Sorgen mache ich mir auch um viele verwöhnte Kinder, die mit Geschenken überhäuft werden. Ihnen wird alles geboten, was man kaufen kann, auch Ausflüge und Urlaubsaufenthalte mit Luxus „bis zum Abwinken". Sind wir nicht selbst schuld, wenn manche jungen Menschen immer undankbarer werden? Solche Kinder tun sich mit dem Leistungsgedanken zunehmend schwer in der Schule und finden schnell alles „langweilig"! Wie können Lehrer da noch gegensteuern? Können sich diese Kinder überhaupt noch anstrengen, wenn man ihnen alles schenkt?

Werden sie Verbote und ein „Nein" überhaupt noch akzeptieren oder sich für den Leistungsgedanken motivieren lassen?

Die Empfehlung der Grundschule für „weiterführende" Schulen wurde in Baden-Württemberg abgeschafft, jetzt soll sie wieder eingeführt werden, weil viele Kinder an der „falschen" Bildungsstätte gelandet sind. Lehrer und Schüler müssen leider gemeinsam solche falschen Entscheidungen „ausbaden".

Auch ich habe im Unterricht mit Sicherheit nicht alles richtig gemacht. Manchmal war meine Impulsivität, meine aufflammende Ungeduld kontraproduktiv. Einmal habe ich den Tisch von zwei „Beratungsresistenten" mit einem Wisch leergefegt, so dass 30 Farbstifte, Hefte und Zubehör am Boden lagen. Anschließend habe ich dieses zweckentfremdete Tischlein mitsamt Schülern einen Meter nach hinten geschoben. Die Jungs haben gut reagiert und sind nicht umgefallen. Stifte hätte ich im Notfall bezahlt. In einer Vertretungsstunde hat einmal ein Schüler eine Kollegin heftig beleidigt. Da war meine Souveränität für einen Augenblick weg. Ich habe ihn am Hemdkragen gepackt und ihn aufgefordert, sich sofort vor allen zu entschuldigen.

Gefährlich ist's den Leu zu wecken. Mein Sternzeichen Löwe konnte ich nicht immer unterdrücken. Auf Klassenbucheinträge, Arrest, Strafarbeiten, das Einschalten der Schulleitung und hochnotpeinliche Elterngespräche habe ich in all den Jahren verzichtet. Ich musste aber meines Erachtens oft genug die Mehrheit schützen vor einigen wenigen Unruhestiftern. Ein paar Mal haben mich sogar meine Schüler „getröstet" und gebeten, ich solle mich nicht unnötig aufregen. Gegenseitiger Respekt und Durchsetzungsvermögen, eine ständige Herausforderung!

Einmal wurde ich von Schülern angesprochen, weshalb ich auf einem Foto im Internet die Zunge rausstrecke. Es stellte sich heraus, dass ein Mann mit meinem Nachnamen, den ich nicht kannte, der „Übeltäter" war. Ein paar Jahre später machten mich

Schüler darauf aufmerksam, dass ich auf der Homepage meines Vereins mit einem Glas Bier zu sehen sei. Ich sagte ihnen, dass dieses Foto bei unserer Meisterschaftsfeier entstanden ist und ich als Vereinsvorstand dazu stehe, auf den Erfolg mit den Spielern angestoßen zu haben. Überall wird gesucht, ob der Lehrer glaubwürdig ist, bei allem, was er „predigt".

Dieter Nuhr hat im Dezember 2016 in der ARD seinen satirischen Jahresrückblick präsentiert. Der Mann hat mich fasziniert. Er hat „Lug und Trug" in aller Welt gegeißelt, Rechts- und Linksradikale mit klugen Sprüchen angegriffen, Wutbürger in Frage gestellt, die Lügen und Gerüchte in Facebook verurteilt, er hat über Erdogan, Trump, Putin und den Brexit ohne Konzept den Kopf geschüttelt. Er hat Neunjährigen das Recht abgesprochen, unbedingt ein Smartphone zu fordern. Die Unzufriedenheit vieler Deutscher hat er angeprangert, die Burka als Sack ins Spiel gebracht, den man manchem radikalen Politiker über den Kopf stülpen müsste. Er hat regelrecht dazu aufgerufen, die „Mitte" der Gesellschaft zu stärken und Extremisten zu bekämpfen. Sein Vortrag ging aus meiner Sicht von der Satire zur Realität über. Aufruf eines Satirikers zur Vernunft, auch zum Ablehnen schlechter Vorbilder.

Es geht diesem Mann und auch mir persönlich schon lange durch den Kopf, dass wir uns in Deutschland so allmählich den Weimarer Verhältnissen nähern und vieles zerreden. Die Parteienlandschaft und die Politikverdrossenheit sehen fast schon nach Demokratiegefährdung aus. Dieter Nuhr hat Europa gelobt, 71 Jahre Frieden nach 1000 Jahren Krieg hervorgehoben und fast flehentlich darum gebeten, das endlich mal zu würdigen. Tolle Fernsehsendung, hat mir gut gefallen, das Lachen blieb mir während seines Vortrags jedoch im Halse stecken. Sinnvolle Satire!

Seit 55 Jahren lese ich Tag für Tag die „Badischen Neuesten Nachrichten" – eine seriöse regionale Zeitung, nichts Reißerisches wie die Boulevardpresse. Ich stelle mir seit Jahren die Frage, ob ich die weltweite Missachtung des Fairplay-Gedankens noch lange verkraften kann, zumal man die Artikel über Attentäter wie Amri und Co. und über Despoten in aller Welt im Ruhestand noch genauer liest. Na ja, die paar Jahre will ich mich jetzt nicht mehr einem Info-Defizit aussetzen und mein Zeitungsabo kündigen. Es gibt ja immerhin noch einige gute Nachrichten, danach sehne ich mich fast!

Leider gibt es in „Sachen Erziehung" Rückschläge, sehr viel Negatives und Kontraproduktives! Schlechte Vorbilder beeinflussen die Kids, manche Lehrkräfte schaffen es nicht, an die Schüler heranzukommen, finden nicht den richtigen Umgangston, frustrieren zu sehr. Probleme im Elternhaus sind nicht selten, alleinerziehende Mütter sind bisweilen überfordert, Scheidungskinder leiden, andererseits werden viele Kinder zu sehr verwöhnt, Computerspiele machen süchtig und verherrlichen die Gewalt. Kinder können für Ehen zur Zerreißprobe werden. Gewalt, zu großer Ehrgeiz und zu viel Druck im Elternhaus gibt es leider auch. Traumatisierte Kinder leben nicht nur in Flüchtlingsfamilien! Es ist auch sehr schwierig, jedem Kind gerecht zu werden, wenn Geschwister da sind. Manche fühlen sich schon wegen Kleinigkeiten „zurückgesetzt" und ungerecht behandelt. Meine Schwester ist 14 Jahre jünger als ich, da gab es logischerweise keinen Streit zwischen uns, im Gegenteil, als ich den Führerschein hatte, bin ich fast in die Vaterrolle geschlüpft. Wir zwei verstehen uns gut.

Es ist furchtbar und äußerst kontraproduktiv, wenn sich – wie schon erlebt – Amokläufer im Internet „verewigen" und als Helden dastehen wollen, weil sie Lehrer und Mitschüler erschossen haben. Manche Schüler – und leider auch Erwachsene – sind

Könige im Mobbing. Es wird ja immer verrückter: Da gibt sich ein rechtsradikaler Oberleutnant der Bundeswehr als syrischer Flüchtling aus, wird als solcher anerkannt, hat also eine zweite Identität und plant einen Anschlag. Gott sei Dank konnte er gestoppt werden. Diese Aufzählung ließe sich noch wesentlich verlängern.

Kann da ein Lehrer überhaupt noch etwas bewirken? Kann er Respekt, Fairplay und eine positive Einstellung zum Leben in die Herzen der Kinder bringen? Ja sage ich, ja und nochmals ja! Wenn man junge Menschen über eine längere Phase unterrichtet hat, glaube ich fest daran, dass sie einiges verinnerlicht haben und dass sie in ihrem Leben als „Multiplikatoren" wirken!

Es gehört zu den erfreulichsten Dingen im Lehrerberuf, dass man jeden Tag wieder eine neue Möglichkeit erhält, manches zum Guten zu wenden, ganz besonders, wenn man die Schüler länger als ein Schuljahr unterrichtet.

Kinder kann man positiv beeinflussen, bei Erwachsenen fällt das schwerer, das habe ich im vor allem im Ehrenamt erfahren müssen. Da beißt man oft auf Granit.

Bei Leichtathletik-Wettkämpfen, bei der Tour de France und überhaupt im Profisport ist Doping ein beschämendes Thema. Fairness wird völlig missachtet, wenn diejenigen gewinnen, die immer neue Dopingvariationen ersinnen und anwenden. Wer soll da noch ehrlich bleiben, bei so viel schlechten Vorbildern?

Roman Herzog ist im Januar 2017 verstorben. Mit seiner berühmten „Ruckrede" als Bundespräsident hat er uns Deutschen ins Gewissen geredet. Einen Satz von ihm habe ich sehr erfreut zur Kenntnis genommen:

„Die ganze Dunkelheit der Welt reicht nicht aus, um das Licht einer einzigen Kerze zu löschen!" Hoffnung für alle Lehrer und Erzieher dieser Welt!
Vieles wirkt sich auf das Verhalten im täglichen Leben und den Unterricht aus. Ungezählte Faktoren sind kontraproduktiv und erschweren es den Lehrern, mit Überzeugungskraft für eine lebensbejahende, faire Einstellung und Erziehung zu kämpfen.

Ich beneide meine jungen Kolleginnen und Kollegen nicht um ihre Aufgabe. Ich hoffe, dass sie ihren Lehrauftrag trotz aller Schwierigkeiten kraftvoll und mit positivem Denken angehen.

Ich habe mich im Laufe meines Lehrerlebens immer mal wieder wehren müssen, wenn man unseren Berufsstand heftig kritisiert hat, und habe manchmal die Stacheln gestellt und geantwortet: „Die meisten Lehrer-Kritiker könnten nicht einmal einen einzigen Tag unterrichten, manche keine zehn Minuten!" Dennoch: 40 Jahre ohne Burnout, das geht!

## 23) Heranwachsende stärken

Sporthalle: völlig verzweifelter Schüler, der große Probleme hat, mit einem Ball umzugehen. Wahrscheinlich wurde der arme Tropf schon tausendmal ausgelacht und gemobbt. Ich habe ihm Mut gemacht, nicht aufzugeben und ihm – während der freien Ballübungen der anderen – einfache Übungen gezeigt, wie man diesen Ball „behandeln" sollte. Wurf- und Fangübungen gegen die Wand. Das Werfen und Fangen ist heutzutage nichts Selbstverständliches mehr. Der Junge ist innerhalb kürzester Zeit aufgeblüht und hat beim Handball-Turnierspiel echte Fortschritte gemacht. Leuchtende Kinderaugen sind etwas Schönes.

Mit gut gelaunten Kindern und Jugendlichen macht alles Spaß und die Zeit vergeht wie im Flug. „Was, die Stunde ist schon wieder vorbei?", haben meine Kids und ich gemeinsam festgestellt, vor allem im Sportunterricht.

Nicht immer war das natürlich der Fall, zum Beispiel habe ich während eines fünfstündigen Aufsatzes in Klasse 10 immer wieder auf die Uhr geschaut. Es war auch zäh, wenn meine Schüler nach einer schweren Englisch- oder Mathearbeit bei mir Deutsch hatten, da wollte der Zeiger einfach nicht vorwärtsgehen. Da half mir die Besprechung eines aktuellen Themas, anschließend konnte ich wenigstens noch 25 Minuten Deutsch machen. Über Shopping-Verhalten oder moderne Technik zu reden, war immer ein „Aufwecker".

Es gab zahlreiche Tage, da war ich auf meiner Heimfahrt vom Unterricht regelrecht euphorisch, weil ich das Gefühl hatte, dass meine Bemühungen „nicht für die Katz waren".

Wenn junge Menschen ihr Selbstvertrauen durch eine positive Leistung, nicht durch einen Zerstörungsakt, stärken können, ist das hervorragend, stärkt auch den Lehrer und hält Kinder davon ab, zu viel Unsinn zu machen, um damit angeben zu können.

Wer zuhause sein Selbstwertgefühl nicht aufbauen kann, versucht es häufig in der Schule, manchmal mit allen Mitteln, leider auch den falschen. Irgendwie will jeder auf sich aufmerksam machen.

Vor kurzem waren meine Frau und ich mit unseren beiden Enkelkindern beim Schlittschuhlaufen. Im Ruhestand eine schöne Sache. In den beiden Eislaufhallen herrschte reger Betrieb. Jetzt mit 66 passe ich noch etwas mehr auf, nicht zu stürzen. Ich lerne bei solchen Anlässen immer noch dazu, denn es bringt nichts, die Kids zu sehr mit Ratschlägen für gutes Eisgleiten zu überhäufen. Durch ständiges Ausprobieren und selbstständiges Üben stellen sich schneller Erfolge bei der Jugend ein.

Ich habe auch an die Tage zurückgedacht, an denen ich mit Realschulklassen hier war. Jedes Mal waren auch Klassen von anderen Schulen in der Halle und es hat sich als gut erwiesen, dass ich die meiste Zeit auf der Bahn war, um jederzeit eingreifen zu können, wenn meine Schüler andere unnötig provozierten oder umgekehrt. Lehrkräfte, die sich längere Zeit im Café aufhalten, bekommen einiges nicht mit, was sich da bei Schülern auf der Eisfläche abspielt und eine ernst genommene Aufsichtspflicht ist wiederum Fairplay den Schülern und Eltern gegenüber.

Ihr Selbstvertrauen haben viele in der Eissporthalle stärken können. Auch die soziale Komponente kam nicht zu kurz. Es gab immer wieder Schülerinnen und Schüler unserer Realschule, die sich gegenseitig geholfen haben, und plötzlich hat das Fahren besser geklappt.

Wenn man Jungen und Mädchen einigermaßen kennt, gibt es viele Möglichkeiten, für Erfolgserlebnisse und leuchtende Augen zu sorgen. Man ruft sie im Unterricht häufiger auf, wenn etwas behandelt wird, was z. B. mit ihrem Hobby zu tun hat: „Expertenwissen".

So hatte ich einen sehr ruhigen Zehntklässler, der ein seltenes Hobby hatte, den Gardetanz, und zwar zusammen mit einer Partnerin, die in die Neunte ging. Ich ließ ihn von seinen Auftritten erzählen und vor allem vom harten Training. Das tat ihm gut und zeigte vor allem der Klasse, dass es sich lohnen kann, wenn man hart trainiert, denn die beiden waren deutscher Vizemeister.

Der Phantasie sind keine Grenzen gesetzt, um Situationen im Unterricht herbeizuführen, die es ermöglichen, die Kids stärker zu machen, sie ernst zu nehmen, sie abzuhalten von Versagensangst, Langeweile, Frust und Leistungsverweigerung!

Viele meiner Schüler durften immer wieder berichten, wie sie schwierige Situationen selbst gemeistert oder sich für Mitmenschen eingesetzt haben. Ein dickes Lob meinerseits hielt ich dann jedes Mal für wichtig.

Erfolgserlebnisse, brauchen wir die nicht alle? Schule darf jedenfalls nicht vom Misserfolg und von Versagensängsten geprägt sein.

Ein unerwartetes Erfolgserlebnis für mich habe ich nie vergessen, als eine junge Kollegin von einer anderen Realschule nach einer gemeinsam abgenommenen mündlichen Prüfung zu mir sagte: „Bei Ihnen hätte ich auch gern Schüler sein wollen."

Erfolge für Schüler sind wichtiger. Ich habe immer versucht, so zu unterrichten, dass Erfolgserlebnisse nicht die Ausnahme waren. Natürlich wird es lächerlich, wenn man die Messlatte immer tiefer hängt.

Bei einer Klasse, die gut mitzieht, habe ich besonders bei den Deutsch-Aufsätzen bemerkt, dass Schüler über sich hinausgewachsen sind. Natürlich darf der Lehrer nicht von vornherein sagen, ich will maximal zwei Seiten von euch korrigieren. Für manche Schüler zählen schon kleine Erfolge und ein Lehrerlob, wenn sie nur Kritik kennen.

Das Verhalten von Jugendlichen im Unterricht ist bei anderen Kolleginnen und Kollegen durchaus nicht gleich, sondern kann erheblich abweichen. Ein Junge, den man selbst als friedlich einstuft, kann heftige Aggressionen an den Tag legen. Zwei „Seelen" schlummern in mancher Brust. Festgestellt habe ich das des Öfteren bei Jungs, die ihrer Mutter oder einer Kollegin gegenüber im Schulhof oder Schulhausflur überhaupt keinen Respekt entgegenbrachten, obwohl der Bursche noch kurz zuvor im Unterricht bei mir lammfromm war. Das ist wirklich schwer zu ändern, manchmal hatte ich das Gefühl, dass man mir nicht glaubte, wenn ich voll des Lobes über das gute Verhalten des Betroffenen war. Muss ein Schüler sein Selbstwertgefühl in jedem Fach und bei jedem Lehrer gesondert aufbauen?

Mut machen und Selbstvertrauen stärken gehört zum „Pflichtprogramm" der Pädagogik.

## 24) Loben tut gut

Loben hat mir Spaß gemacht! Lächeln und loben: Wenn dir das immer wieder gelingt, kannst du als Lehrer die Lust der Kids auf Unterricht wecken. Schüler rechnen wahrscheinlich nicht sehr häufig mit lächelnden und lobenden Lehrern.

Es gibt Tausende Gelegenheiten zum Loben: sei es für gute Hausaufgaben; ein tolles Referat; eine spitzenmäßige Turnübung; einen Fallrückzieher beim Fußballturnier; einen Drei-Punkte-Wurf beim Basketball; den Schulrekord im Hochsprung; die eigene persönliche Bestzeit über 75 Meter trotz Gegenwind; die Tatsache, dass jemand trotz Gelächter erstmals zwei Runden auf der Aschenbahn durchgehalten hat; einen Aufsatz, den selbst Erwachsene nicht besser hätten schreiben können; ein gutes Diktat und das als Junge; eine tolle Grammatik-Arbeit; ein dickes Lob auch für einen Vortrag mit interessanten Informationen aus der gestrigen Zeitungslektüre; ein Werkstück, das Schüler bei einem anderen Lehrer angefertigt hatten; eine knappe Niederlage gegen einen übermächtigen Gegner; den Verzicht auf Mobbing; die Vier in Mathe, die immerhin bewirkte, dass die Schülerin die Prüfung bestanden hat; das tolle Verhalten aller in der gerade zu Ende gegangenen Geschichtsstunde; die gute Mitarbeit auch bei anderen Lehrkräften; den Mut zu Mitschülern zu sagen, sie sollten ihr Leben endlich selbst mal in die Hand nehmen; das Pausenbrot, das man einem hungrigen Mitschüler geschenkt hat; das Versprechen, nicht mehr so viel mit den Eltern zu schimpfen; ein fehlerfrei auswendig gelerntes Gedicht, jede echte Eigeninitiative eines Schülers, die Kraft des Klassensprechers zum Klassenfrieden beizutragen, eine gelungene Schlichtung, die unerwartete Verbesserung in einem Fach ... und und und.

Ein Lob setzt neue Kräfte frei. Manchmal habe ich auch Beifall geklatscht vor „versammelter Mannschaft". Loben macht glücklich. Im „tiefsten Herzen unserer Seele" brauchen wir alle Anerkennung und genau diese wird durch ein Lob ausgedrückt!

Gleichzeitig musst du sofort verhindern, dass der oder die Gelobte gemobbt wird, nach dem Motto „du Streber". Am besten man begründet jedes Lob kurz und prägnant und signalisiert damit, dass man diese Art von Lob auch gern an andere Mitschüler geben würde! Und nochmals: Der Kampf gegen das Mobbing ist offensiv zu führen, damit das Lob und jede Art von Anerkennung auch möglichst störungsfrei ihre Wirkung entfalten können.

Oft habe ich erlebt, dass Kinder zuhause und in der Schule häufig geschimpft und kritisiert werden und dadurch in einen Teufelskreis der Ablehnung der Erziehungsberechtigten, der Lehrkraft und des Leistungsgedankens kommen. Die dadurch entstehende Wut und Enttäuschung steigert die Aggression. Diese Schülerinnen und Schüler werden immer unzufriedener und selbst zu „Schimpfenden". Jetzt im Alter spüre ich das manchmal auch bei meinem eigenen Verhalten. Wenn ich mir aktuelle Nachrichten ansehe oder diese intensiv lese, schüttle ich oft den Kopf, denn vieles läuft aus meiner Sicht kontraproduktiv, aber man hat kaum eine Chance, etwas zu ändern. Vielleicht fehlen mir jetzt im Ruhestand auch die „Erfolgserlebnisse" aus meinem Beruf.

Es soll tatsächlich auch Menschen geben, nicht nur Lehrer, die keinen Grund mehr finden, andere bzw. Schüler zu loben. „Die paar Jahre bring ich noch rum", heißt es bisweilen. Resignation ist schrecklich, optimistisches Kämpfen ist besser!

Nur konstruktive Kritik bringt Menschen voran, wenn man aus berechtigtem Anlass mal kritisieren muss. Lösungswege anbieten, Alternativen aufzeigen und sofort ein Lob weitergeben, wenn die geringste Verbesserung zu spüren ist, halte ich für wichtig. Schon der Wille zur Verbesserung zählt. Mit Fingerspitzengefühl kritisieren, Mut machen, keine Mutlosigkeit, Wut und Aggression erzeugen. Ein Lob wirkt Wunder! Leute, springt über euren Schatten und lobt häufiger!

Destruktive Kritik lähmt, zerstört zwischenmenschliche Bindungen, vernichtet unter Umständen jedes Vertrauen. In meinem Verein habe ich erlebt, dass wichtige ehrenamtliche Mitarbeiter wegen destruktiver Kritik ihr Amt niedergelegt haben. Es gibt leider Menschen, die können nicht loben, vorher beißen sie sich die Zunge ab. Manche sagen, zu viel Lob schadet, man verwöhnt doch nur damit. Andere Menschen loben ist für mich ein Zeichen von Stärke, keine Schwäche!

In der Politik beobachte ich mit Sorge, dass man zunehmend zu unfairen, üblen Mitteln greift bei der Jagd nach Wählerstimmen. Gute Entscheidungen des politischen Gegners werden nicht gelobt, sondern diffamiert! Wird destruktive Kritik gesellschaftlich salonfähig? Kein Wunder, wenn die Politikverdrossenheit größer wird. Ich gehe mittlerweile so weit zu behaupten, dass eine vollkommen destruktive Opposition den Bestand der Demokratie gefährdet, weil dadurch auch Leute schimpfen, die manche Zusammenhänge nicht im Geringsten kennen.

Alle Bundespräsidenten haben in den letzten Jahrzehnten parteienübergreifend Mut gemacht und auch diejenigen Kräfte in Deutschland gelobt, die sich engagiert haben für ihre Mitmenschen. Auch unsere Bundeskanzlerin hat nach einem Zögern grünes Licht gegeben für die Wahl von Frank-Walter Steinmeier zum Bundespräsidenten, obwohl er der SPD angehört. Anerkennung des politischen Gegners, weil man erkannt hat, selbst keinen besseren Kandidaten zu haben. Dazu gehört Mut. Loben möchte ich einen weiteren Politiker, vor dem ich Hochachtung habe: Bundestagspräsident Dr. Norbert Lammert, der für manche Ansprachen, auch für die in „Richtung" Trump, mit Recht großen Beifall und standing ovations erhielt. Toller Mann, der Lammert, schade, dass er in Ruhestand geht, es müsste mehr solche Politiker geben, die versöhnen, statt diffamieren!

Ich meine, um Menschen Mut zu machen, sie zu würdigen und um junge Menschen in der Schule wieder ins Gleis zu bekommen, ist ein Lob, manchmal schon ein Lächeln, Gold wert. Ja sogar eine positive Geste oder der gehobene Daumen kann ein starkes Signal sein: „Es geht aufwärts mit dir!"

Bei der Jahreshauptversammlung meines Clubs im Januar 2017 durfte ich vier Spieler ehren, die zwischen 200 und 300 Spielen für unseren Verein in der ersten Mannschaft gemacht haben. Am Ende der Ehrung umarmte ich jeden. Meine Form von „Lob und Dank".

Bei einem Hallenfußball-Turnier saß mein Enkelkind traurig auf der Auswechselbank, der Trainer hatte ihm wohl nicht viel zugetraut. Normalerweise mische ich mich nicht ein, denn ich weiß, in Deutschland gibt es mindestens 30 bis 40 Millionen Bundestrainer. Diesmal sagte ich zum Coach: „Der Junge braucht mehr Einsatzzeiten, wie soll er sonst Selbstvertrauen aufbauen?" Tatsächlich, im Endspiel durfte er durchspielen, erzielte den Siegtreffer und verhalf auf diese Weise dem Team, sich selbst und sogar seinem Trainer zum Erfolg. Man sollte dann aber auch einen Trainer loben, der einen Rat annimmt, und das ganze Team, nicht nur den Torschützen.

Im Klassenzimmer musst du loben und das Selbstvertrauen stärken. Schimpfen und Kritisieren sind natürlich nicht verboten, müssen aber in einem guten Verhältnis zu Lob und Anerkennung stehen! Niemand zu Tode kritisieren, mehr positiv bestärken. Im Wort *bestärken* steckt das Wort *Stärke*. Ja, man muss Kinder stark machen, wie sollen sie sonst im Leben bestehen?

Manche glauben es nicht: Ein Lob stärkt Kinder und Erwachsene, ständige Kritik schwächt immens. Oder wollen manche das, um selbst „glänzen" zu können? Als Jugendtrainer, Vereinsvorsitzender und Lehrer waren Lob und Dank für mich sehr bedeutsam. Ich habe auch gelobt, wenn die Schüler etwas besser konnten als ich, zum Beispiel den Umgang mit dem Computer.

Jahrelang hat es mir viel Freude bereitet, im Namen unseres großen Kollegiums von insgesamt 50 Lehrkräften kurz vor Weihnachten Dankesworte aussprechen zu dürfen. In feierlichem Rahmen dankte ich unserer Schulleitung, den Sekretärinnen und unserem Hausmeister für die gute Zusammenarbeit und durfte kleine Präsente überreichen. Es bereitete mir großen Spaß, jedes Jahr bei diesem Anlass ein selbst gedichtetes Dankeslied vorzutragen. Meine ausgewählte Melodie war meist „Glory, glory halleluja".

## 25) Verantwortung übertragen

Die meisten Kinder und Jugendlichen helfen gern, wenn man sie vernünftig anspricht. Das ist wesentlich besser als Untätigkeit oder reines Zuhörenmüssen und schnelles Bestrafen.

In der Sporthalle sind viele mit Feuereifer dabei, z. B. beim Einräumen von Geräten oder Bällen, wenn man einen Wettbewerb daraus macht. Das geht sogar mit der Stoppuhr als „Wettkampf" in kleinen Gruppen.

Auch im Klassenzimmer gibt es genügend Situationen, Kindern Gelegenheit zu geben, sich aktiv zu betätigen.

Die Klassensprecherwahl oder die Mitarbeit in der SMV, der Schülermitverwaltung bzw. Schülermitverantwortung, haben wir an unserer Realschule mit der nötigen Ernsthaftigkeit in den Vordergrund gerückt und demokratische Wahlen durchgeführt. Dies geschah nicht gleich am ersten Schultag nach den Sommerferien, sondern bewusst erst nach ein paar Wochen, damit man sich auf diese Wahlen richtig einstellen und gute „Kandidaten" finden konnte. Lernen fürs Leben. Demokratie einüben. Leider haben oft die besten und zuverlässigsten Schüler ein solches „Amt" abgelehnt, weil sie gespürt haben, dass sie damit

Verantwortung übernehmen müssen und eventuell die Zeit zum Lernen zu kurz kommt.

Ich selbst habe auch gezögert, das Amt des Vertrauens- oder Verbindungslehrers anzunehmen, weil ich befürchtet habe, dass es mich überlastet. Ich habe es dann doch für zwei Jahre angenommen und gemerkt, dass es kein Zuckerschlecken war.

So ging es mir im Grunde genommen auch in der Mannschaft meines Fußballclubs. Lange Zeit wollte ich nicht Mannschaftskapitän werden, habe es dann doch gemacht und das Amt nach einiger Zeit sogar als Ehre empfunden. Viele Jahre wehrte ich mich, den Vorsitz meines Clubs zu übernehmen. Auch in dieses Ehrenamt ließ ich mich schließlich wählen.

Konrektor oder Rektor der Schule zu werden, habe ich immer innerlich abgelehnt, weil ich es mir nicht vorstellen konnte, mit 50 Lehrern, dem Schulamt, der Gemeinde und vielen anderen Problemen klarzukommen. Diese beiden Ämter habe ich tatsächlich nicht ausgeübt. Im Nachhinein frage ich mich als Pensionär, hätte ich es doch machen sollen?

Wahrscheinlich war das aber richtig so für mich, als Mann an der „Schulfront" in den Klassen. Mitten im „Heer" der Schüler war ich wahrscheinlich besser zu gebrauchen als in der Verwaltung der Schule.

Ich kann Schüler oder Erwachsene inzwischen verstehen, die kein „Amt" anstreben oder übernehmen wollen. Mit Zwang sollte man in dieser Hinsicht niemals arbeiten. Schöner und sinnvoller ist es, wenn Kinder freiwillig Verantwortung übernehmen. Wir hatten immer sehr zuverlässige Tagebuchordner, die dafür sorgten, dass dieses „Dokument" pfleglich behandelt wird.

Manche „Ämter" halte ich für sinnlos, z. B. wenn man ein Kind damit beauftragt, an die Tafel zu schreiben, wer Krach gemacht hat oder „böse" war. Lieber sollte man als Lehrer pünktlich in den Unterricht kommen und nicht zu lange Kaffee im Lehrerzimmer trinken.

Im Sportunterricht ist es toll, wenn man Schülerassistenten hat, welche z. B. die Trennwand der Halle herunterlassen, ohne dass jemand herumalbert oder die Lüftung einschaltet, die Umkleidetüren verschließt, damit nichts geklaut wird oder die Wertsachen einsammelt, mithilft die Geräte zu richten, Bälle zu holen. Das Letztgenannte sollte allerdings besser die ganze Klasse übernehmen, ohne Lärm und Chaos, wie auch das notwendige Aufräumen.

Wenn sich Schüler für etwas verantwortlich fühlen, sei es auch nur für einen kleinen Bereich, ist das eine wertvolle Sache! Sie signalisieren den Mitschülern, dass sie behutsamer mit Dingen umgehen sollen, und lernen vielleicht auch, später im Erwachsenenleben Verantwortung zu übernehmen, in der Familie und im Beruf.

Sich für etwas verantwortlich fühlen, wird ab dem Moment nicht zur Last, wenn möglichst viele dafür sensibilisiert sind. Verantwortlichkeit für die Natur, die eigene Familie, für die Mitmenschen ist etwas sehr Wertvolles. Harmonie war für mich ein Leben lang wichtig, sie war nicht immer zu erreichen! Da hatte ich einiges zu „verdauen“!

## 26) Schüler zum Staunen bringen

Mir machte es viel Freude, Kinder und Jugendliche zum Staunen zu bringen. Besonders gut passte das zum Stundenanfang, denn es gibt nichts Schlimmeres als müde, lustlose, unmotivierte Schüler.

Beispiel: „Heute beginne ich mit einem Weltrekord!" Weitsprung: neun Meter. Diese Distanz wurde im Zimmer abgeschritten, oha: ein Meter aus dem Fenster gesprungen, unser Klassenzimmer ist ja nur acht Meter breit.

Oder Hochsprung: über zwei Meter Höhe, d. h. gute Athleten springen über den Rahmen der Klassenzimmertür.

Anschließend klappt es mit der Aufmerksamkeit beim Unterricht ganz gut.

Selbst Grammatik-Probleme kann man „sportlich" erklären.

Beispiel Possessivpronomen: Wer ist im „Besitz" des Weltrekords über 100 Meter? Usain Bolt. Tafel: *sein* Weltrekord. Bei den Frauen über 100 Meter? Florence Griffith-Joyner. Tafel: *ihr* Weltrekord. Frage an einen Schüler: „Was ist dein persönlicher Rekord über 50 oder 75 Meter?" *Mein* Rekord, *dein* Rekord, *euer* Rekord, *unser* Rekord ...

„Alles klar auf der Andrea Doria? Liebe Schüler, jetzt kennen wir das besitzanzeigende Fürwort, das Possessivpronomen!"

Sport Klasse 6: Der Lehrer macht wieder mal mit seinen 65 Jahren einen Sprung über den Längskasten in der Sporthalle vor, nachdem er zuvor die Kids gefragt hat, ob sie ihn, falls es schiefgeht, auf der Intensivstation besuchen werden. Ich war übrigens sehr stolz, als dieser Sprung im Sportunterricht an der CSH, meiner Lehrer-Zugabe im Februar 2016, nochmals geklappt hat, wenn auch erst im zweiten Versuch. Für mein Knie war das allerdings nicht so gut. Beim Titelbild-Foto war ich übrigens 67. Vielen Dank an den Sportfotografen Markus Gilliar und sein Team.

Der geneigte Leser wird denken, was ist denn das für ein verrückter Lehrer? Mir und den Klassen haben solche Aktionen Spaß gemacht. Ich habe schon darauf hingewiesen, dass im Klassenzimmer meine Grätsche über das längs gestellte Lehrerpult ein „Aufwecker oder Hingucker" war. Trommelwirbel der Klasse, drei Schritte Anlauf, Grätsche über den Lehrertisch, Stand. Ich habe diesen Sprung nur gemacht, wenn die Klasse zuvor gute Leistungen gezeigt hat, gewissermaßen als Belohnung, statt Gummibärchen – davon hielt ich nicht so viel.

Es geht natürlich auch wesentlich unspektakulärer mit verschiedenen Überraschungseffekten zum Staunen. Man nehme eine Vogelfeder oder ein zusammengeknülltes Blatt Papier, lasse es auf das Lehrerpult fallen und alle lauschen gemeinsam dem „donnernd lauten" Aufprall.

Überraschendes kommt gut an, um die „Jugend der Welt" aufzuwecken und zum Lernen zu motivieren.

In meinen letzten Lehrerjahren war mein motivierender Einstieg wie erwähnt fast immer ein aktuelles Ereignis, über das wir einige Minuten diskutierten. Es gibt nichts Spannenderes als die Aktualität.

Vieles habe ich vergessen, was ich an staunenswerten Dingen in den Unterricht eingebaut habe, oft war das eine spontane Eingabe.

Staunende Kinder sind lernbereit und aufnahmefähig. Es soll natürlich keine „Schockstarre" sein. Es gibt bestimmt viele Lehrkräfte, die in dieser Hinsicht besser oder kreativer als ich waren oder sind.

## 27) Dopingmittel Sauerstoff

Es heißt mit Recht: Kinder gehören an die frische Luft. Wenn schon Klassenzimmer oder Sporthalle – dann aber bitte mit Sauerstoff! Kopfschmerzen, Unkonzentriertheit, Müdigkeit, Schlappheit und Unlust sind konkrete Folgen von Sauerstoffmangel. Schlechte Raumluft behindert gutes Lernen. Raum betreten: Ein Atemzug genügt, um zu bemerken, dass der Sauerstoffgehalt „gegen null" tendiert. Im Raum bemerken es die Kids kaum noch, viele hängen müde in den „Seilen" wie ein angeschlagener Boxer.

Kurzes Lüften genügt! Mädchen neigen zum Frieren, deshalb nicht immer den Jungs nachgeben, die diese Belüftung oft gerne unendlich verlängern wollen, um die Girls zu ärgern. Erziehung und Unterricht sind immer wieder mit kleinen Kompromissen verbunden. Was habe ich in meinen 40 Lehrerjahren Fenster aufgemacht. Ein paar Minuten Frischluftzufuhr genügen schon. Oft waren meine Klassen so gut gelaunt, dass ich es mir erlauben konnte, beim Fensteröffnen vorbeigehende Personen zu begrüßen, teilweise ehemalige Schüler, die zufällig vorbeikamen. Ich habe sie recht laut gefragt, ob sie Heimweh nach unserer Schule hätten. Ein Lächeln huschte über ihre Lippen. Jedenfalls war dann wieder Sauerstoff im Raum und es konnte besser unterrichtet werden. Kleine Ursache – große Wirkung!

Vor allem in den Sporthallen herrschen oft ganz schlechte Luftverhältnisse.

Hier ist es besonders wichtig, für Sauerstoff zu sorgen. Es ist eigentlich Aufgabe der Hausmeister, den Sportlehrern zu zeigen, wo und wie sie die Frischluftzufuhr regeln können. Ich ließ mir in unseren Großsporthallen vom Hausmeister sofort die Bedienung der Fenster, vor allem der Dachfenster zeigen, die ich dann häufig öffnete. Sofort strömte frische Luft in die muffige, teilweise ätzend riechende Halle. Die Schüler waren mir sehr dankbar. Der „Chemiegeruch" war sofort weniger aggressiv, die „dicke" Luft verbesserte sich, man schwitzte bei weitem nicht mehr so schnell! Herrlich!

Es macht in Sporthallen wirklich keinen Spaß zu unterrichten, wenn zu wenig Sauerstoff vorhanden ist! Die technische sogenannte Frischluftzufuhr ist oft ein Witz. Auch an Trainer der Vereine gab ich diese Öffnungsmöglichkeit der Dach- bzw. Seitenfenster weiter. Freudestrahlend nahm man diese Information zur Kenntnis, denn zu oft müssen Sportler in Hallen schweißgebadet spielen und üben.

Raus mit der muffigen Luft aus den Klassenzimmern und den Sporthallen, rein mit dem Sauerstoff in die Gehirne und Blutbahnen! Es lohnt sich.

## 28) Ehemalige Schüler

Für mich war es immer schön, wenn mich ehemalige Schüler im Unterricht besucht haben. Ich habe sie der Klasse vorgestellt und ihnen die Möglichkeit gegeben, etwas von ihrem jetzigen Leben nach der Schule zu berichten. Meistens haben mich Jungs besucht, junge Männer in der Zwischenzeit. Die Augen weiblicher und männlicher Kids wurden bisweilen immer größer, wenn sie hörten, was man alles aus seinem Leben machen kann und dass die Besucher dem damaligen Klassenlehrer tatsächlich sogar dankbar waren, Grenzen gesetzt und sie trotzdem stark gemacht zu haben, um den Alltag und das Berufsleben meistern zu können. Es hat mir viel Freude gemacht, meine Ehemaligen zu Wort kommen zu lassen. Die fürchterlichen Amokläufe an amerikanischen und deutschen Schulen haben ab 2002 dazu geführt, dass man mit Besuchern in der Schule vorsichtiger umgehen musste und leider wurde dadurch dann verhindert, dass Ehemalige meine Klassen und mich im Unterricht besuchen konnten.

Das Thema Amokläufe und Hass auf die Schule – gerade von Seiten junger Männer – ist sicherlich schon von manchen Psychologen und Politikern beleuchtet worden. Ein sehr dunkles Kapitel. Kann man Amokläufe verhindern? Ein junger Amokläufer brachte 2002 sechzehn Menschen an seinem Gymnasium in Erfurt um. Dieser Schüler war wohl wegen eines gefälschten ärztlichen Attests von der Schule verwiesen worden. Ein mutiger Lehrer hat vermutlich damals ein noch größeres Blutbad verhindert, weil es ihm gelungen ist, den Täter in einem Schulraum einzusperren, wo er sich dann selbst erschossen hat.

Ich werde nie vergessen, dass ich einmal einen Schüler hatte, der bei einem Einbruch erwischt wurde. Es drohte ihm der Rausschmiss aus der Schule und das kurz vor der Prüfung in Klasse 10. Zusammen mit meinem sehr menschlichen Rektor setzte ich mich damals als Klassenlehrer dafür ein, dass dieser Schüler bei uns bleiben durfte. Die Freude bei ihm war riesengroß, er bestand die Prüfung und hat uns Jahre danach noch sehr herzlich gedankt. Ein schönes Erlebnis im Leben eines Lehrers.

Heutzutage treffe ich Ehemalige bei vielen Gelegenheiten und gerade dann, wenn ich nicht damit rechne. Fast immer kommt es zu einem freudigen „Hallo" und manchmal zu einem kurzen erfreulichen Gespräch, das mir zeigt, dass sich Menschlichkeit im Unterricht auszahlt – bis zum heutigen Tag!

Es ist auch schön, dass der Förderverein unserer Schule seit vielen Jahren regelrechte Events durchführt. Ehemalige Schülerinnen und Schüler sowie Lehrkräfte werden immer im Oktober eingeladen. Man musste schon von der Aula in die neue große Mensa ausweichen. Gute Gespräche zeichnen bei diesen Treffen ein Bild der vergangenen Schulzeit nach und da manche Ehemaligen auch ihre Kinder zu uns „geschickt" haben, die sich ebenfalls „in Sachen Schule" äußern, ist diese Art von „Bewertung" des Schüler-Lehrer-Verhältnisses sogar Generationen übergreifend und für mich hoch interessant.

## 29) Eltern-Lehrer-Zusammenarbeit

Aktion „Gläserne Schule": Eltern kamen in den Unterricht, um zu sehen, was wir an unserer Schule so leisten. Ich weiß noch, dass ich damals einige Eltern in meinen Unterricht einbezogen habe, eine erfreuliche Sache, ich hätte mich daran gewöhnen können.

Bei manchen Lektüren habe ich Eltern in den Unterricht eingeladen, weil sie zu dieser Thematik Spezialwissen hatten. Tolle Vorträge.

Bei Schulfesten gab es reichlich Gelegenheit, mit Eltern zu sprechen und sich auszutauschen. Gejammert habe ich nie über meine Schüler, eher gelobt.

Ich hatte in 40 Jahren immer den Eindruck, dass Eltern froh waren, wenn der Pädagoge mit den Kids gut zurechtkam. Es ersparte ihnen viele Schul-Termine und frustrierende Vorhaltungen.

In meinen Klassen habe ich stets „verkündet", wir lösen unsere Probleme selbst, und zwar hier im Klassenzimmer. Jede Klasse war begeistert, wenn es eine „Aussprache" oder Diskussionsrunde gab. Natürlich – dann wurde für 20 bis 30 Minuten kein Stoff durchgenommen. Viele waren allerdings wirklich erleichtert, ihre Sorgen vor der Gruppe erzählen zu dürfen. Wenn man als Lehrer so gut wie keine Fehltage hat, kann man sich das meines Erachtens erlauben, es bringt sehr viel für den Zusammenhalt und ich habe einiges dazugelernt und erfahren. Natürlich hat man als Lehrer immer versucht, Erziehungsdefizite auszugleichen. Trotz der Stofffülle hat man pädagogischen Spielraum. Schüler und Lehrer können sich sehr wohl zuhören! Hundertpro.

Elternsprechtage habe ich in sehr positiver Erinnerung! Manchmal sind Eltern überrascht, wenn man ihnen Positives von ihren Kindern berichten kann. Ich empfahl den Erziehungsberechtigten, häufiger mit den Kindern über den Unterricht zu sprechen oder die Aufsätze ihres Nachwuchses durchzulesen, die zum Teil „Früchte" des guten Klassenklimas enthielten.

Die Eltern waren dankbar, wenn ich im Elternabend versprochen habe, immer mit Augenmaß zu reagieren.

In meiner langen Lehrerzeit habe ich zwei Generationen unterrichtet, die dritte stand schon fast „vor der Tür." So kam es oft genug vor, dass in der Klassenpflegschaftssitzung – das Wort Elternabend war mir lieber – recht viele Eltern vor mir saßen, die ich schon als Schüler unterrichtet hatte. Manchmal machte ich im Unterricht oder Elternabend die scherzhafte Bemerkung an die Kids und die Eltern: „Wenn ich jetzt auch noch einen Gruß vom Opa ausgerichtet bekomme, weil ich ihn schon unterrichtet habe, dann muss ich schnellstens meine Lehrerlaufbahn beenden!"

Elternvertreter zu finden, gelang immer. Es hatte sich wohl herumgesprochen, dass Elternvertreter meiner Klassen im Laufe eines Schuljahres nicht allzu viel Stressiges zu tun hatten.

## 30) Belastbarkeit

Wenn Schüler merken, dass der Lehrer hilflos ihren „Attacken“ ausgeliefert ist, wird die Belastung für den Pädagogen unerträglich. Selbstvertrauen der Lehrkraft ist wichtig, die muss und kann man sich erarbeiten.

Überheblichkeit ist niemals angesagt, wenn es dir als Lehrer gelingt, deinen Unterricht in gute störungsfreie Bahnen zu lenken, sondern Demut und Dankbarkeit. Humor, der dir hilft Belastungen auszugleichen, kommt dann im Unterricht viel besser zum Tragen. Wehrhaft muss man schon sein, genauso wie unsere Demokratie wehrhaft sein muss, um nicht unterzugehen.

„Der Krieg war schlimmer“, habe ich manchmal zu motzenden Schülern gesagt oder „Was uns nicht umbringt, macht uns nur noch härter“, war manchmal meine Äußerung zu jammervoller Wehleidigkeit. „Ein Indianer kennt keinen Schmerz“, mussten die „Meinigen“ im Sportunterricht von mir hören, wenn sie Klagelieder anstimmen wollten. Das Jammern muss man im Keim ersticken, es ist hoch ansteckend für jeden Unterricht und für jedwede Erziehungsarbeit in allen Altersstufen, auch bei Erwachsenen. „Wir jammern auf hohem Niveau“, hört man doch immer wieder.

Wenn es geht, sollte man das Jammern und Klagen einigermaßen humorvoll beenden. Man hat es mit manchen Wehleidigen zu tun, die alles versuchen, um sich nicht anstrengen zu müssen. Flucht in den angeblichen Schmerz, Flucht in die tollsten Ausreden.

Irgendwie habe ich in den zurückliegenden 20 Jahren den Eindruck gewonnen, dass Wohlstand und Unzufriedenheit in Deutschland parallel wachsen! Ein Tabu-Thema?

Auch Pädagogen müssen kämpfen, um den „inneren Schweinehund“ zu besiegen. Diesen Ausdruck kenne ich von Marathonläufern, die immer wieder die innere Stimme hören, man solle doch endlich aufgeben.

Lehrern und Erziehern ruft eine innere Stimme bisweilen zu: „Lass alles laufen!“ Hauptsache, man hat seine Ruhe und belastet sich nicht selbst.

So nicht! Alles wird dann immer schrecklicher.

Manchmal ist es bis hart an die Schmerzgrenze gegangen. Da galt es, echte Grenzen zu setzen und klare Kante zu zeigen. Manche Schüler sehen nicht sofort ein, dass man sie mit einem „Nein“ schützen will.

Ich glaube, nur ein sehr belastbarer Pädagoge kann Erfolge erzielen, egal in welchem Fach. Stärke zeigen, nicht beirren lassen. Kontinuität ist unersetzbar. Dranbleiben, Konfliktpotential nicht verschieben, da löst sich nur selten etwas in Luft auf.

Es nützt niemand etwas, wenn man beispielsweise zu viel Kraft in ein bestimmtes Projekt mit seiner Klasse steckt und anschließend wochenlang „auf dem Zahnfleisch“ geht oder krank wird. Kontinuierliches Arbeiten schützt vor unnötigem Verschleiß. Schüler brauchen Lehrkräfte nicht nur kurzfristig. Seine Kraft einteilen muss jeder Pädagoge. Du wirst belohnt dafür mit Erfolgserlebnissen auch in der zweiten Generation deiner Schülerinnen und Schüler.

Mit schwierigen Situationen umgehen zu müssen, hört eigentlich nie auf.

Als junger Lehrer habe ich mich lebhaft in Konferenzen an Diskussionen beteiligt, als älterer Mensch bin ich immer stiller geworden und dachte im „stillen Kämmerlein“, hoffentlich ist diese Sitzung bald zu Ende. Immer hatte ich das beklemmende Gefühl, dass wir in unseren Besprechungen zu selten über wirklich wichtige Themen gesprochen haben: Wie gehe ich mit meinen Schülern um? Wie kann man das Wir-Gefühl an unserer Schule stärken? Wie können wir es schaffen, die Atmosphäre an der Schule zu verbessern, indem jeder jeden stärkt? Was müssten wir alle, auch und vor allem die Schulleitung, tun, dass der Schulfrust weniger wird?

Angeboten habe ich tatsächlich allen, jederzeit und ohne Vorwarnung zu mir in den Unterricht zu kommen, um mich und meine Klassen zu besuchen: den Eltern, den Kolleginnen und Kollegen, den Referendaren, der Schulleitung, dem Schulamt, den Ehemaligen. Ein Kollege hat mal zu mir im Scherz gesagt: „Kennst du nicht das Bundesseuchengesetz? Stell dir vor, alle würden gleichzeitig zu dir in dein kleines Klassenzimmer kommen?"

Genauigkeit, Gerechtigkeitssinn, Belastbarkeit und die Menschlichkeit werden in den täglichen Korrekturen und der Notengebung des Lehrers gewissermaßen „eingefordert". Als Deutschlehrer ab Klasse 9 wollten die Aufsatzstapel meiner Deutschklassen auf meinem Schreibtisch kein Ende nehmen, zumal ich meine Schüler durchaus bestärkte, mehr als die üblichen zwei bis drei Seiten zu schreiben.

Manche Asse haben 10 bis 14 DIN-A-4 Seiten geschrieben. Jahrelang habe ich deren Hefte aufbewahrt und anderen Klassen sehr gern Auszüge daraus vorgelesen, wenn sie einverstanden waren, natürlich nichts Persönliches, sondern gute und vorbildliche Formulierungen oder den gelungenen Aufbau, die gekonnte Struktur des Aufsatzes.

Der Transparenzerlass war auch eine Belastung, aber er war sicherlich sinnvoll. Schüler und Eltern sollten jederzeit die Möglichkeit haben, die Noten einzusehen: die mündlichen, die schriftlichen, die fachpraktischen, die Plus- und Minuspunkte-, die mögliche Benotung der Hausaufgaben, die Gewichtung der Diktat- und Aufsatznoten, die Wertung der Grammatik-Arbeiten, die Referatsnoten, eventuelle Gruppennoten. Im Sport waren viele Vorschriften vorhanden und die Fachlehrer mussten sich auf eine Vereinheitlichung der Notengebung einigen und auch

Tabellen von Fachverbänden, wie zum Beispiel im Geräteturnen oder der Leichtathletik, einbeziehen.

Ich hatte es mir – wie erwähnt – zur Pflicht gemacht, meine Klassen immer mal wieder während des Schuljahres über ihren Notenstand zu informieren, vor allem über mein Pluspunktsystem, um dem Transparenzerlass Genüge zu tun.

Es war für die meisten spannend, wie viel Pluspunkte für gute Leistungen und die mündliche Mitarbeit neben den schriftlichen Noten in meinem Notenbuch eingetragen waren. Lars: 18 Pluspunkte, Kevin: 2, Melanie: 22, Sebastian: 12. Die Namen sind in diesem Beispiel erfunden.

Belastbarkeit und Gesundheit: Eine stabile Gesundheit ist für Schüler und Lehrer gleichermaßen von großem Vorteil. Und ich verrate kein Geheimnis, die hat viel zu tun mit einer stabilen seelischen Verfassung der Lehrkraft und des Kindes!

Manchmal habe ich auch falsch reagiert und das hat mich anschließend mehrere Wochen belastet. Bei einer Abschlussfeier überreichte mir eine Schülerin eine Flasche Rotwein, sagte dann am Mikrofon zu den 400 Anwesenden, dass ich der Klasse aus meiner Fußballzeit erzählt habe und in der Kabine nach dem Spiel auch Alkohol geflossen sei. Anstatt die Flasche lächelnd entgegenzunehmen, ging ich ans Mikro und verkündete, dass ich eigentlich immer Alkohol, soweit es ging, vermieden habe. So habe ich die eigentlich harmlose Angelegenheit unnötig hochgespielt und vielleicht sogar peinlich gemacht. Manchmal wäre es besser gewesen, den Mund zu halten.

Als echte Belastung habe ich unsere sogenannten Vertretungspläne empfunden. Es war für mich ein Automatismus, *mehrfach am Tag* zum aktuellen Vertretungsplan im Lehrerzimmer zu gehen und nachzuschauen, in welcher Klasse man erkrankte oder auf Fortbildung befindliche Kolleginnen und

Kollegen vertreten sollte. Das war sehr oft der Fall. Natürlich muss die Schulleitung versuchen, dass möglichst wenig Unterricht ausfällt. Manchmal dachte ich: Bin ich eigentlich verrückt, selbst mit einer starken Erkältung, Fieber oder mit lädiertem Knie in den Unterricht zu gehen? Bei mir kam es auch vor, dass ich mit einer Kopfplatzwunde, die ich mir beim Fußballspielen zugezogen hatte, am nächsten Morgen im Unterricht erschienen bin, obwohl die Fäden noch nicht gezogen waren. So ist das halt, wenn man der Klasse gegenüber öfters betont hat: Ein Indianer kennt keinen Schmerz.

Kein Witz: Im Unterricht habe ich meine Wehwehchen vergessen. Weggeredet, wegdiskutiert, weggelacht. Wirklich schön und angenehm ist es, wenn man in den Klassen willkommen ist und keiner sagt oder denkt: „Nicht der schon wieder, der könnte endlich auch einmal zu Hause bleiben!" Es gab tatsächlich auch Schüler, die *keinen einzigen Tag* gefehlt haben! Respekt! Körperlich und seelisch gesund. Wie toll ist das denn?

Ich habe im Laufe der Jahre bemerkt, dass mein Immunsystem durch hustende und prustende Schüler so gestärkt worden ist, dass ich kaum noch etwas abbekommen habe und gesund geblieben bin. Lehrer-Gesundheit durch kränkelnde Schüler. Schöne Sache, gewissermaßen eine Belohnung oder etwa ausgleichende Gerechtigkeit? Trotz allem Stress kann ich rückblickend feststellen: Körperliche und mentale Fitness sowie eine daraus resultierende starke Belastungsfähigkeit verhindern Burnout-Syndrome vollständig.

Es kam auch gar nicht so selten vor, dass ich nicht nur meine Klasse unterrichten sollte, sondern laut Vertretungsplan noch zusätzlich eine weitere Klasse zu beaufsichtigen hatte, also für über 60 Schüler zuständig war. Auch anderen Kolleginnen und Kollegen ist das so ergangen. „Mitbetreuung" hieß das Zauberwort! Da ist es gut, wenn man bei der eigenen Klasse ein Vertrauensverhältnis aufgebaut hat und sie auch mal eine Viertelstunde allein lassen kann, ohne dass alle Dämme brechen. Bei der zweiten, oft „fremden“ Klasse musste ich alles aufbieten, um Ruhe reinzukriegen, damit die Jungs und Mädchen ihre „sogenannte“ Stillarbeit und die gestellten Aufgaben vernünftig bearbeitet haben. Öfters bin ich länger in diesen „unbekannten“ Klassen geblieben, als ich eigentlich wollte.

Auch im Fach Sport war es der Fall, zwei Klassen gleichzeitig unterrichten zu müssen. Ab 60 Jugendlichen ist die Verletzungsgefahr allerdings ein hohes Risiko. In diesen Vertretungsstunden waren unter anderem diverse Staffelspiele beliebt bzw. nichts mehr anderes möglich: 10 Gruppen mit je sechs Leuten. Hat sogar noch Spaß gemacht, mit Basketbällen, Reifen, Stäben, Bändern, Tischtennisbällen usw. Intensive Massenbewegung. Als Sportlehrer galt es dann den Turbo zu zünden, auf „Formel 1-Modus“ zu schalten und mit Power diese Stunden verletzungsfrei und trotzdem intensiv zu gestalten.

Belastbar musste man immer bei mehrtägigen Fahrten sein. 1975 hatte ein Schullandheimaufenthalt eine Dauer von sage und schreibe 14 Tagen.

Das war krass: vormittags Unterricht, nachmittags Programm mit Besichtigungen, Spielen, Sport, abends Lagerfeuer, anschließend Bettruhe, die aber keine war, weder für Kinder noch für Lehrer. Später wurden diese „Ausflüge“ gekürzt auf eine Woche, dann auf drei oder vier Tage.

Studienfahrten – zunächst Abschlussfahrten genannt – fanden lange Zeit bei uns am Schuljahresende statt. Es stellte sich heraus, dass viele Schüler, vor allem junge „Männer“, aber zunehmend auch die „Damenwelt“, nach bestandener Prüfung nur noch die „Sau rauslassen“ wollten. Stichwort Alkohol! Du wirst es als

Lehrer nie schaffen, Alkohol bei Schulfahrten ganz zu eliminieren. Wenn noch weitere Schulklassen im Hotel sind, wird es noch schwieriger, denn manche sind an einer sehr langen Leine geführt worden, vor allem Gymnasialklassen.

Die beiden begleitenden Lehrkräfte sind jedenfalls verantwortlich für die Schüler und es bleibt dir manchmal nichts anderes übrig, als nachts um drei aus dem Bett zu springen, für Ruhe in den Hotelzimmern zu sorgen, in dem sich deine „Feierbiester“ versammelt haben und wenn es sein muss, eine Flasche Wodka in den Abfluss zu kippen. Das spricht sich herum. Einmal fiel in Berlin einem Schüler vom zweiten Stock unseres Hotels eine Flasche Bier, die er auf das Fensterbrett gestellt hatte, krachend auf den Gehweg. Unten war eine Bushaltestelle. Zum Glück wurde niemand getroffen. Trotzdem große Aufregung. Meine Jungs gaben eigentlich immer alles zu, was sie angestellt hatten. Tatsächlich, nach 15 Minuten meldete sich der Schuldige bei mir. Dann tat ich etwas, was ich nie zuvor und auch nicht mehr danach gemacht habe. Ich verhängte eine Geldstrafe von 50 Euro. Strafe für den Übeltäter und Abschreckung für die anderen. Gewirkt hat's! Bei der Abschlussfeier am Schuljahresende habe ich dem jungen Mann den Geldbetrag in einem Umschlag wieder zurückgegeben.

Berlin, Berlin, wir fahren nach Berlin, war meine Devise in Abschlussklassen. Einmal mit dem Bus zehn Stunden Fahrt, später mit der Bahn in fünf Stunden. Ich habe in den letzten Jahren als Lehrer keine Diskussion mehr in der Klasse über unser „Reiseziel“ zugelassen, sondern den Schülern von den Vorzügen Berlins regelrecht vorgeschwärmt. Wir haben viel dazugelernt in der geteilten Stadt und später auch in der Hauptstadt Berlin. Schöne Erinnerungen, das bestätigen mir Ehemalige, die ich immer wieder treffe. Zuvor war ich mit Klassen auch in Prag und Rom. Berlin war aus meiner Sicht besser geeignet für

Schulklassen, weil hier auch eine politische Sensibilisierung möglich war.

Trotz aller Belastung durch außerschulische und schulinterne Veranstaltungen und den „ganz normalen" Unterricht, es hat Spaß gemacht. Langeweile kam nie auf. Der Lehrerberuf ist wie erwähnt ein Garant für jahrzehntelange Langeweile-Abstinenz.

Bei Schulfahrten habe ich immer einige Pfunde verloren, in Stresssituationen habe ich nicht ans Essen gedacht. Im Ruhestand versuche ich, bisher mit Erfolg, mein Gewicht zu halten: Schmerzgrenze vierundachtzig Kilogramm bei meinen einsvierundachtzig. Gut für die Gesundheit. Mens sana in corpore sano. Selbstdisziplin hilft dir im Beruf und auch danach.

Das gilt heutzutage auch für das Einkaufen. Wie verlockend ist das denn geworden? Meine Schüler habe ich gefragt, ob sie schon bemerkt hätten, wo und wie manche Produkte in den Einkaufstempeln platziert sind.

Die aggressive Werbung rund um die Uhr hat mich schon immer geärgert und fordert meine Selbstdisziplin geradezu heraus!

Belastbar muss ja jeder von uns nicht nur im Beruf, sondern auch im Privatleben sein. Meine Frau und ich haben zusammen ein altes Haus übernommen, saniert, umgebaut und erheblich vergrößert. Aber immer wieder macht uns ein Teil der alten Bausubstanz zu schaffen und erfordert viel Kraft für die Instandhaltung. Wir beide kommen uns vor wie Dauer-Sanierer. War ich das nicht auch in meinem Lehrerberuf?

## 31) Teamgeist

Bei der Vorbereitung von Schulfesten, bei Aktionen wie „Gläserne Schule“, beim „Tag der offenen Tür“, bei Schuljubiläen zeigte sich der Teamgeist unserer Schule. Jeder hat nach Kräften dazu beigetragen, dass diese wichtigen Projekte gelungen sind. Schüler und Lehrer wurden bei solchen Anlässen zu einem Team. Das war herrlich. Meine Lebenserfahrung im Sportbereich führte mir oft genug vor Augen, wie wichtig der Zusammenhalt, die sinnvolle gemeinsame Arbeit sein kann.

Im Team zu arbeiten, war allerdings nicht immer möglich. Ich denke, für echtes Team-Teaching in den Klassenzimmern fehlten die Ressourcen, sprich die Lehrkräfte. Im Klassenzimmer war ich immer auf mich allein gestellt, trotz aller gemeinsamer Konferenzbeschlüsse.

Obwohl der Lehrer Einzelkämpfer ist, kann seine Klasse zu einem Team zusammenwachsen, wenn man die Chance hat, sie einige Jahre zu unterrichten. Ich bin im Abschnitt „Klassenlehrer“ gern darauf eingegangen. Man ist glücklich, wenn sich die eigene Klasse als Team zeigt und nicht als undisziplinierter „Hühnerhaufen“, wenn man sich bei allen möglichen Anlässen außerhalb der Schule bewegt. Auch Klassen geht ein Ruf voraus. Eine Kollegin bemerkte mal: „Wie der Herr, so’s Gscherr.“

Unsere Besten haben nach der Realschulzeit, wie bereits festgestellt, meist auch die Abiturprüfung geschafft. Viele Kolleginnen und Kollegen mussten an unserer Schule dafür harte Arbeit leisten, um den Guten einen sinnvollen Unterricht zu ermöglichen und die Schwächeren davon abzuhalten, alles zu zerstören. Pädagogische Teamarbeit. Das hat auch den guten Ruf unserer Realschule gefördert. Ein Lehrer kann das Image einer Schule natürlich nicht im Alleingang verbessern, hier sind alle Lehrkräfte und insbesondere die Schulleitung gefordert!

Man spürt im Alltag ab und an die Unterstützung des Kollegiums, das unter anderem auch in Klassenkonferenzen festgelegt hat, pädagogisch an einem Strang zu ziehen.

Auch bei zahlreichen „Pädagogischen Tagen" in der Schule war die Tagesordnung voll mit Themen der sinnvollen Zusammenarbeit aller Lehrkräfte. Mit der Umsetzung unserer Beschlüsse hat es nicht immer geklappt, weil unter anderem auch die große Zahl an Schülern kontraproduktiv war.

Die Schulleitung hat in jedem Fall großen Einfluss auf den Team-Spirit an einer Schule!

Mit Fairplay den Zusammenhalt innerhalb des Kollegiums stärken, mit Menschlichkeit und Herzenswärme ein pädagogisches Klima ermöglichen, in dem es Freude macht zu unterrichten, ist aus meiner Sicht eine vorrangige Aufgabe einer guten Schulleitung. Gerade, weil es in der Natur der Sache liegt, dass Pädagogen oft genug Einzelkämpfer sind, brauchen sie Rückendeckung und positive Energie durch eine wohlwollende Haltung der Chefetage. Natürlich hat eine Schulleiterin oder ein Schulleiter das Recht, zu rügen oder abzumahnen, aber Lehrkräfte können sich nur verbessern und auf Dauer Leistung bringen, wenn man ihnen nach einer Kritik anschließend trotzdem und erst recht rückhaltlose Unterstützung zusichert und bemerkt, dass es auch Überforderungen geben kann.

Menschliche Schulleitung, starke Lehrkräfte, starke Schule! Das Unterrichten und die keineswegs leichte Erziehungsarbeit profitieren mit Sicherheit von der Harmonie und der pädagogischen Atmosphäre zwischen dem Rektorat und dem Kollegium. Die muss stimmen! Ein angenehmes Lernklima wirkt Wunder! Alle müssen an einem Strang ziehen. Lehrerinnen und Lehrer sollten gern in die Schule gehen, nicht nur die Schüler, dann wird alles GUT! Lasst den Team-Spirit an Deutschlands Schulen nicht untergehen, er hilft, den guten Ruf einer Schule zu erhalten!

Man muss allerdings auch ehrlicherweise feststellen, dass immer weniger Bewerber für Schulleiterstellen vorhanden sind, weil jeder weiß, dass dies eine große Herausforderung ist.

Gut funktioniert haben meines Erachtens die Fachschaften, ein kleines Team von Lehrkräften im jeweiligen Fachbereich. Im kleinen, überschaubaren Rahmen klappt es auch leichter mit einer harmonischen Zusammenarbeit und dem Teamgeist.

Ein Zweier-Lehrerteam war immer Voraussetzung bei unseren Studienfahrten. Mit den Jahren kristallisieren sich Begleitpersonen heraus, mit denen man pädagogisch gut harmoniert und die meist in Hauptfächern in meinen Klassen unterrichtet haben. Diese begleitende Lehrkraft sollte einen guten Draht zu den Schülern haben, anerkannt sein und über ein gutes Organisationstalent verfügen. Das hilft sehr. Mit meinen Begleitpersonen war ich immer sehr zufrieden! Bei solchen außerschulischen Veranstaltungen zeigt es sich nämlich in aller Klarheit, ob es die Lehrer geschafft haben, aus ihrer Klasse ein vorzeigbares Team zu machen, oder ob man mit völlig Beratungsresistenten unterwegs ist. Hier spätestens erntest du die Früchte deines Unterrichts. Wohin schlägt das Pendel?

Auf meine Entscheidung, mehrmals mit Schülern unserer Abschlussklassen nach Berlin zu fahren, möchte ich nochmals eingehen, weil sie sehr viel mit Teamgeist zu tun hatte.

Wir – Schüler und Lehrer – lernten in Berlin viel dazu und wir haben erkannt, dass Zusammenhalt nicht nur im Klassenzimmer „was bringt". In einer Weltstadt spüren alle sofort, dass man sich gegenseitig braucht.

Im geteilten Berlin war es bis 1989 ein Abenteuer, den Osten kennenzulernen. Schlangen vor Geschäften und sogar Büchereien, Jungs, die hinter meinem Rücken flüsterten, dass ich von der Stasi sein könnte, als ich meinen Schülern mal eine Stunde Freizeit gegeben hatte und gedankenversunken durch den Park lief, in dem ein Denkmal für Karl Marx und Rosa Luxemburg stand. Wir waren später auch „Mauerspechte“ und haben gemeinsam aus der weltbekannten Berliner Mauer Steinbrocken herausgeklopft. Wir waren stolz, in den Bundestag zu dürfen, eine Debatte als Klasse live mitzuerleben. Wir haben Ausstellungen besichtigt, einen Atomschutzbunker erklärt bekommen, Stätten des Nazi-Terrors und was noch davon übrig ist mit eigenen Augen gesehen, gestaunt, dass sich auf Hitlers Führerbunker nun ein Parkplatz befindet, um den Wahnsinnigen nicht noch posthum glorifizieren zu können. Wir konnten auf Stadtrundfahrten unser Wissen über Berlin vertiefen, ins innere, herrliche Blau der Gedächtniskirche eintauchen, Berlin von der Spree aus betrachten, tolle Discos erleben, den Zoo bestaunen und vieles mehr.

Der Teamgeist schimmerte immer wieder durch in Berlin, nicht nur beim obligatorischen Klassenfoto vor dem Brandenburger Tor. Ein solches Bild hängt seit Jahren in meinem Arbeitszimmer im Posterformat. Ich betrachte es gern. Schöne Erinnerungen an meine Schüler verbinden sich mit diesem Foto.

Teamwork wird ja von der Industrie massiv eingefordert, Schüler sollen teamfähig sein. Die Klassengemeinschaft ist gewissermaßen die Vorstufe. Das fängt damit an, dass man einem Mitschüler mal einen Apfel weitergibt und meinen Dauerspruch berücksichtigt: „An apple a day – keeps the doctor away“ oder jemand aus der Klasse einen Schluck Wasser oder Saft gönnt, Schwächere verteidigt, im Notfall auch jemand mal die Hausaufgaben abschreiben lässt, niemand denunziert, es sei denn, es handelt sich um eine gefährliche Sache.

Ein Klassenteam kann ein klasse Team sein. Das findet seinen Höhepunkt im völligen Verzicht auf Mobbing gegenüber allen Klassenkameraden! Vor allem bei Ausflügen oder Betriebsbesichtigungen und Fahrten mit öffentlichen Verkehrsmitteln musste sich unser Klassenteam oft bewähren. Ich wollte mich nicht blamieren mit meiner Klasse. Im Sportunterricht kann man viel für den Teamgeist tun, darauf bin ich schon eingegangen.

Manchmal ging es mir bei Schulgottesdiensten so, dass man helfen wollte, aber nicht konnte oder durfte. Ein Pfarrer hat einmal in der Aula den Kindern zugerufen: „Wem es hier nicht passt, der kann gehen." Und tatsächlich gingen einige. Da wird ein „Team" gesprengt! Das kann nicht sein, das war ein Armutszeugnis, das wäre mir nie über die Lippen gekommen, denn nach so einer Aussage, die dann auch noch in die Tat umgesetzt wird, ist der Misserfolg in erzieherischer Hinsicht vorprogrammiert. Gute Gottesdienste können die Schulgemeinschaft fördern. Kinder müssen sich wohlfühlen, sie sollten gern am Unterricht, an einem Gottesdienst oder einer Sportstunde teilnehmen. Wir hatten an unserer Realschule aber auch sehr gute Religionslehrer, unter deren Regie sinnvolle Schulgottesdienste gelungen sind, ganz selbstverständlich in der Gemeinschaft katholischer und evangelischer Schüler!

## 32) Das Lachen nicht verlernen

Vielleicht liegt es an meinem Alter oder an einer Wahrnehmungsstörung, aber ich stelle zunehmend fest, dass viele Menschen trotz hohen Wohlstandsniveaus das Lachen verlernt haben. Wo man geht und steht, werden negative Themen diskutiert, häufig und heftig wird kritisiert. Leider bietet unsere Welt viel Anlass zum Schimpfen. Dabei ist doch gemeinsames fröhliches Lachen für unser Leben und natürlich auch für gelungenen Unterricht und für eine lebensbejahende Erziehung sehr wichtig. Beleidigendes spöttisches Lachen – im Volksmund „auslachen" genannt – ist im Alltag leider weit verbreitet und sollte „bekämpft" werden.

Im Schulalltag, in Betrieben, in Familien, in der Freizeit, ja sogar bei Parlamentariern im Landtag und Bundestag, überall finden wir dieses Auslachen – eine Form von Mobbing –, die jede vernünftige Konversation und in der Schule auch erzieherische Komponenten zerstören kann! Manchmal habe ich geglaubt, die guten Vorbilder sterben aus.

Lachen im Falle einer Situationskomik, bei der ein Betroffener mitlachen kann, ist befreiend, ist positiv, ist „krampflösend", oft herrlich komisch. Der Humor und auch das Lachen können entwaffnend sein. In vielen Stresssituationen ist mir allerdings das Lachen vergangen, denn irgendwie habe ich meine Verantwortung für die ganze Klasse im Nacken gespürt und konnte nicht so oft lachen, wie ich eigentlich wollte.

Jeder Unterricht verliert jedoch mit Sicherheit seine Langeweile und Tristesse, wenn gemeinsam gelacht wird! „Bist du mit dem Hammer gekämmt worden?" Humoristen oder Kabarettisten bringen diese Art von Humor bisweilen gut zur Geltung. Der ist zwar gepfeffert, aber nicht beleidigend. Das gemeinsame

Lachen mit meinen Schülern ist mir erst relativ spät in meiner Lehrerzeit gelungen. Eigentlich schade. Solche lustigen, nicht wirklich beleidigenden Sprüche hätte ich durchaus im Unterricht bringen können. Beschimpfungen unter Jugendlichen, die ach so witzig sein sollen, habe ich gehasst.

Für „Lachen“ und „Auslachen“ haben wir an unserer Tafel wunderbare Beispiele gesammelt und die Unterschiede klar herausgearbeitet.

„Wo das Wort vorbeifliegt, verdorren die Gräser, werden Blätter gelb, fällt Schnee. Das Wort ist schneller, das schwarze Wort.“

Hilde Domin drückt in ihrem Gedicht „Unaufhaltsam“ sehr gefühlvoll aus, wie schnell man mit Worten beleidigen kann und dass es anschließend sehr schwer ist, diese „schwarzen“ Worte ungeschehen zu machen. Da erstirbt das Lachen, man sinnt auf noch derbere Schmähungen.

Fingerspitzengefühl ist immer gefragt. Bei jeder Gelegenheit kann allerdings kein Lehrer der Welt humorvoll reagieren. In ganz schwierigen Klassen habe ich mit „Schwarzem Humor“, manchmal mit Sarkasmus reagiert. Dazu sollte man sich als Lehrer nicht allzu oft hinreißen lassen, man zieht sich selbst und die Klasse möglicherweise damit „runter“.

Befreiend lachen darf man in Klassen mit Sicherheit über eine gelungene Karikatur, ein lustiges Erlebnis eines Mitschülers, über eine politische Satiresendung, über die Sprüche mancher Lehrer oder Politiker, über die Vorfreude aufgrund der nahenden Ferienzeit, über Lustiges im Betriebspraktikum.

„Wann ist Lachen gesund?“, darf durchaus in Klassen thematisiert werden.

Als älterer Lehrer war ich bei Unterrichtsstörungen verbal nicht mehr zimperlich, habe bei Rügen allerdings immer öfter versucht, einen halbwegs humorvollen Spruch loszulassen, zum Beispiel: „In ein paar Jährchen bist du der Chef, heute noch nicht.“ „Ihr Weltmeister in der letzten Reihe, so wird das nichts mit der Champions League.“ „Jammerlappen brauchen wir hier nicht!“ „Macht endlich wieder ein fröhliches Gesicht!“

Mit Jugendsprache und einer klaren Direktheit kann man die „entsprechenden Herrschaften“ überraschen und die Klasse zum Schmunzeln oder Lachen bringen, ohne jemand krass vor den Kopf zu stoßen. Situationskomik war mir durchaus nicht unbekannt.

In einigen Klassen habe ich auch – vor allem in Randstunden oder am Nachmittag – durch rhythmisches Klatschen Kinder dazu gebracht, etwas fröhlicher dreinzuschauen und zu lachen. Das machte Spaß, vor allem wenn es gemeinsam klappt. Meine vorgegebenen Rhythmen wurden dann zunehmend schwieriger und das Nachklatschen fast unmöglich, das führte zu fröhlichem entspannten Lachen. Viele wollten dann auch mal der „Vorklatscher“ sein und haben sich gegenseitig unter Gelächter die tollsten Rhythmen um die Ohren gehauen.

Witze erzählen war nie mein Ding, da versemmle ich die Pointe oder kann sie mir nicht merken. Andere können das besser. Viele Witze sind meines Erachtens ungeeignet, weil sie diskriminieren.

Vielfach war es bei mir im Unterricht die erwähnte Situationskomik, die Lachen auslöste, wenn jemand aus Versehen die Kreide abbrach, den Schwamm nicht fand, die Jalousie falsch bediente, der Lehrer die Namen verwechselte, der Hausmeister ins falsche Zimmer kam, sich Schüler absichtlich in der Tür irrten, ein SMV-ler eine witzige Durchsage machte, draußen der Sturm tobte und Gegenstände vorbeiflogen, bei Texten Buchstaben fehlten und sie dadurch lustig wurden, wenn Schüler Überschriften von hinten lesen sollten, ein Ehemaliger am Fenster des Erdgeschosses auf dem Schulhof vorbeilief und hereinwinkte ...

Mit meiner alten ausziehbaren Autoantenne habe ich manchmal Fechtübungen im Klassenzimmer gemacht. Die Lacher kamen prompt. Anschließend konnte ich die belächelte Antenne an der Weltkarte gut als Zeigestock gebrauchen.

Wissenschaftler haben festgestellt, dass der Mensch beim Lachen weniger Muskeln anspannen muss als beim grimmigen Dreinschauen. Ja – Lachen ist nachweislich gesund.

Grenzwertig ist es, wenn ein „Jungspund" rückwärts vom Stuhl kippt. Wenn er sich nicht verletzt hat, lacht er selbst am meisten.

Zappelnde Schüler hatte ich glücklicherweise kaum, denn sonst hätte ich was dagegen tun müssen. Bei Verletzungsgefahr oder absichtlichen Unterrichtsstörungen hörte bei mir natürlich das Lachen auf.

Wenn man Schüler auch mal frei erzählen lässt, gibt es oft Grund zum fröhlichen positiven Lachen, das den Unterricht anschließend beflügelt.

Ich hatte oft ein Lächeln auf den Lippen, im Klassenzimmer, im Lehrerzimmer, im Sekretariat, im Schulhof. Klar – das war nicht jeden Tag so, aber recht häufig. In der Presse lese ich, dass zurzeit ein Psychologe an der Technischen Universität Braunschweig ein spezielles Glückstraining für Lehrer entwickelt. Ob's wirkt? Im Radio läuft ein Lied: „Das ist die, die immer lacht." Doch die Seele ist auf der Suche. Immer am Suchen sind wir. I can get no satisfaction. Lehrer müssen auch mal Schauspieler sein und sollten über sich selbst lachen können! Ich gebe zu, Letzteres ist mir schwergefallen, man glaubt ja nicht, was einem alles als Schwäche ausgelegt werden kann. Sogar das Lachen!

Ein Professor, der früher als Student mit mir in einer Mannschaft war, hat anschließend noch viele Jahre lang in seiner Freizeit Fußball gespielt. Einmal sagte er zu seinen akademischen Mitspielern in der Umkleidekabine: „Ihr macht ja schon beim Umziehen Fehler!" Gelächter allerseits, keine beleidigten Gesichter. Dieser Professor, einige Zeit auch Vorstand eines Fußballclubs, war eine Frohnatur, gleichzeitig aber sehr clever. Ich habe als junger Spieler einiges von ihm gelernt, auch das befreiende Lachen.

## 33) Ehrenamt und Schule

Wichtig für meinen persönlichen „Werdegang" war der Mannschaftssport. Mit 10 Jahren habe ich begonnen, mit großer Begeisterung im Verein zu kicken, jetzt mit 66 bin ich immer noch in diesem Club und habe nach meiner aktiven Zeit 30 Jahre lang ehrenamtlich in der Vorstandschaft mitgewirkt. Das Ehrenamt war ein heftiger Lernprozess mit relativ großer Verantwortung.

So ein „Amt" bietet viele Parallelen zur Schule. Da ich von 1968 bis 1982, also immerhin 14 Jahre lang, als Stammspieler in unserer 1. Mannschaft eine tolle Zeit hatte, vielleicht die schönste und spannendste meines Lebens, übernahm ich später auch den Vorsitz meines Clubs, im gewissen Sinn aus „Dankbarkeit" und Vereinstreue.

Meine ehrenamtliche Tätigkeit beim Sportverein hat mir einiges für meinen Beruf als Lehrer „gebracht". Verantwortung übernehmen, sich für andere einsetzen, einen Plan entwerfen, in welche Richtung es gehen soll, mit Anstand verlieren lernen, ernsthaft diskutieren, andere Meinungen aushalten, das Sportgelände sinnvoll verbessern, unser Clubhaus „in Schuss halten", Vereinstreue vorleben, Kompromisse schließen, Fairplay leben, Versöhnungen angehen, Mitstreiter würdigen und ehren, Mitglieder informieren, Sitzungen vorbereiten und auch gegen Widerstände „durchziehen". Es galt auch, sehr Schwieriges zu bestehen: Grabreden halten, sogenannte Nachrufe, zum Teil vor hunderten Trauergästen. Wenn man jemand sehr geschätzt hat, war das wirklich schwer. Der beste Freund meines Sohnes ist tödlich verunglückt. Er war ein toller Fußballspieler und auch im Tennis ein Ass. Ich musste den Nachruf für unseren Verein in der Friedhofskapelle halten. Bei dem Lied, das für ihn gespielt wurde, kurz vor meinem Gang ans Mikrofon, war ich den Tränen so nahe, dass ich Angst hatte, mein Kreislauf und meine Stimme könnten ihren Dienst versagen, aber ich wollte es unbedingt schaffen, den viel zu früh Verstorbenen zu würdigen, und habe nach Kräften versucht, den Eltern, der Schwester und allen, die um ihn trauerten, würdevoll unser Mitgefühl und Beileid auszusprechen.

Eine Entscheidung war besonders krass. Wir wollten in den neunziger Jahren unbedingt aus der vorletzten Spielklasse aufsteigen. Drei vergebliche Anläufe hatten wir mit unserer 1. Mannschaft schon hinter uns und auch beim vierten Mal drohte es im Endspurt wieder schiefzugehen. Wir entließen den Trainer trotz noch knapper Tabellenführung und ich musste es ihm mitteilen. Aus heutiger Sicht würde ich diese Entscheidung nicht mehr mittragen, obwohl der Trainer ja bezahlt wurde, wir von der Vereinsverwaltung nicht! Im Ehrenamt wirst du manchmal grenzwertig gefordert, wenn du das Vereinswohl im Auge hast. Habe ich damals gegen meinen eigenen Fairplay-Codex verstoßen?

Einen weiteren Fehler habe ich gemacht: Ich hätte zuhause nicht so viel von meinen Sorgen im Verein erzählen sollen. Dass immer mehr von immer weniger Ehrenamtlichen geschultert werden muss, dass wir dringend unser großes Clubhaus, die Umkleideräume und Toiletten sanieren müssten, dass unsere drei Plätze zu oft in schlechtem Zustand waren, dass wir für unsere über 200 Jugendspieler zu wenige Umkleidekabinen haben, dass nicht alle an einem Strang ziehen usw. Zu viele Angebote und steigende Mobilität schwächen seit Jahren die Bindung an Vereine und damit das Ehrenamt. Meiner Frau habe ich oft mein Herz ausgeschüttet und sie mit Vereinsinterna belastet. Sie hat trotzdem jahrzehntelang Dienstschichten übernommen bei unseren Festlichkeiten und damit dem Club geholfen. Das war nicht selbstverständlich! Ich war oft für den Club unterwegs, auch das hat sie viele Jahre mitgetragen. Für meinen Beruf war mein Ehrenamt gut, weil ich sehr viel Erfahrung gesammelt habe, für meine Familie eher nicht.

Natürlich gab es auch manches Positive im Vereinsleben. So war ich einmal recht stolz, als ich in Karlsruhe bei einem großen Vereinsjubiläum vor viel Publikum in der Stadthalle Grußworte sprechen durfte. Obwohl es schwer ist, Feste im Verein zu organisieren, machte es bisweilen auch Spaß, den Gästen eine Möglichkeit zu bieten zusammenzukommen, sich auszutauschen und die Leistungskraft des Vereins unter Beweis zu stellen. Es war auch sehr erfreulich für mich, wenn Jugendspieler den Sprung in unser Seniorenteam geschafft haben. Überall fehlen Schiedsrichter und ich freue mich sehr über jeden Jugendlichen, der bereit ist, sich dieser Aufgabe zu stellen. Leider werden die sogenannten Unparteiischen viel zu häufig kritisiert und angegriffen, grade von Leuten, die selbst kein Spiel leiten könnten.

Insgesamt gesehen wird ein Ehrenamt in einem Sportverein immer problematischer. Das kann Leuten – selbst den liebsten – auf die Nerven gehen. Das verstehe ich erst jetzt im Ruhestand so richtig!

Mein Sohn hat als Kind Fußball in unserem Club gespielt und in der ersten Mannschaft 350 Spiele gemacht, aber der Beruf ließ es nicht zu, dass er in unserem Verein mitarbeiten konnte. Vereinsmitglied ist er immer noch, das freut mich. Ich bin sehr stolz auf ihn, was er beruflich erreicht hat. Meine Tochter war bei vielen Spielen dabei, hat bei Aufstiegsfeiern als Fan mitgewirkt, die Mannschaft damit unterstützt, aber auch bei ihr war klar, dass sie sich vom Verein lösen musste, weil sie ganz andere Interessen hatte und den Fokus auf ihren Beruf gelegt hat, in dem sie ebenfalls erfolgreich wirkt.

Größten Respekt habe ich vor allen, die in unserem Verein und in unserer Jugendabteilung ehrenamtlich tätig sind! Ich habe gern einige Jahre lang eine F- und eine B-Jugendmannschaft trainiert. Es wäre schön, wenn uns möglichst viele junge Spieler treu bleiben würden, den Sprung in unser U23-Team oder gar in unsere 1. Mannschaft schaffen würden und eventuell sogar in die Verwaltung des Clubs gehen könnten! Bayern München hat über 280 000 Mitglieder, wir haben 500, davon sind bei uns 200 Kinder und Jugendliche. Rechenexempel: Wie viele junge Sportler müssten die Bayern betreuen, um unsere Quote zu erreichen? Die Bayern bekommen über 100 Millionen Euro an Fernsehgeldern, wir als Amateurverein vom DFB null Euro, trotz der gesellschaftspolitischen Glanzleistung über 200 Kinder und Jugendliche zu betreuen. Halt, ich darf nicht ungerecht sein, die Stadt Stutensee unterstützt unsere Jugendarbeit wie bei allen Vereinen mit einem Zuschuss.

Ich weiß nicht, wie viele Lehrkräfte ehrenamtlich tätig sind. Wäre für mich interessant, das zu erfahren. Ein ehemaliger Bürgermeister hat mal zu mir gesagt, ich sei ein „Bedenkenträger“ in unserem Verein. Er meinte wohl, dass ich mir um die Zukunft unseres Clubs viele Sorgen mache, ob wir alle Aufgaben auch in den nächsten Jahren noch ehrenamtlich stemmen können und junge Menschen finden, die für andere Verantwortung übernehmen. Ich glaube, diese Bedenken waren und sind leider gerechtfertigt. Mit zunehmendem Alter wurde mir das Zwischenmenschliche im Verein wichtiger als der sportliche Erfolg. Wenn sich „Streithähne" versöhnt haben und wieder gut zusammenarbeiten konnten, war ich froh, denn ich wusste, unser Club kann nur überleben, wenn der Zusammenhalt stimmt.

Als Lehrer habe ich mir um viele Kinder Sorgen gemacht. Bei jungen Menschen habe ich übrigens mehr Dankbarkeit gespürt als bei älteren. Irgendwie lässt mich das Gefühl nicht los, dass manche Erwachsenen der Überzeugung sind, danken und loben zeugt eher von Schwäche als von Stärke. Ich meine, das Gegenteil ist richtig.

Ein Problem im Ehrenamt sind Vereinskritiker oder zu kritische Zuschauer, die für mehr Verdruss sorgen, als sie glauben. Jeder Pädagoge muss sich ebenfalls mit kritischen Leuten im gesamten Schulwesen auseinandersetzen, Tendenz wohl steigend! Das macht die Pädagogik und auch das Ehrenamt nicht einfacher.

Zurzeit versuchen wir im Verein mit einigen „Rentnern" unsere Außenanlagen zu pflegen. Du kannst im Club nicht nur Reden halten und Verwaltungsarbeit machen, sondern wir glauben, dass es auch gut ist, wenn man ab und zu körperlich zupackt. Gesundheit stärken, frische Luft atmen, Vitamin D aufladen und etwas für den Club tun, das sinnvoll und wichtig ist. Für den Zusammenhalt ist es auch gut, wenn man anschließend nicht gleich auseinanderrennt. Wir hoffen, dass wir irgendwann einmal Jüngere finden, die uns ablösen und die ehrenamtliche Arbeit fortsetzen. Trends wie mehrfache Urlaubsreisen im Jahr, die zunehmende berufliche Belastung, verkaufsoffene Sonntage – anscheinend auch für Männer – und eine unendliche Fülle von

Möglichkeiten zur Freizeitgestaltung stellen das Ehrenamt allerdings mehr und mehr „ins Abseits". Und vor allem: Wer will schon freiwillig und unentgeltlich Verantwortung und Arbeit für andere übernehmen?

In der Schule waren der Sportunterricht und die aktive Bewegung sehr positiv für meine vielen Stunden der „Kopfarbeit". Sportliche Motivationsvitamine und Stimulanz für Leib und Seele! Kinder in Schwung zu bringen und selbst fit zu bleiben, ist doppelt schön und bereitete mir viel Freude, ich hoffe, das hat man gespürt in meinem Kapitel über den Sport.

Singen war schon immer mein zweites Hobby, frei nach dem Motto: „Wo man singt, da lass' dich ruhig nieder, böse Menschen haben keine Lieder." Bei diesem alten Spruch fällt mir allerdings ein, dass die Nazis ja auch gesungen haben, schlimme menschenverachtende „Kampflieder". Man findet im Leben ja leider immer Gegenbeispiele für Positives.

Bei Familienfeiern, zu Weihnachten, bei Geburtstagen und bei allen möglichen Anlässen habe ich gesungen, was das Zeug hält, bzw. was meine Stimme hergab. Immer hatte ich auch Freude daran, selbst Gedichte zu machen und sie dann zu „vertonen".

Im Kinderchor war ich als Solist ausgewählt worden und habe später noch eine kurze Zeit im Männerchor gesungen, aber meine Versetzung als Lehrer nach Laufenburg an der Schweizer Grenze und meine Fußball-Leidenschaft haben dazu geführt, dass ich den Gesang bald nur noch im privaten Rahmen gepflegt habe.

Bei Ausflügen mit meinem Fußballclub meinten die Leute, es sei ein Gesangverein unterwegs. Wir haben es sogar nach Niederlagen fertiggebracht, ein Lied anzustimmen, und dachten uns: „Jetzt erst recht."

Mit Niederlagen umgehen, geht im Team besser als allein.

Nach schlecht ausgefallenen Arbeiten habe ich bei meinen Schülern ebenfalls versucht, diese „Jetzt erst recht Stimmung“ zustande zu bringen. Alles, nur nicht resignieren!

In der Schule habe ich immer wieder gern als Solist und im kleinen Lehrerchor gesungen: bei Lehrerausflügen, Feiern, Geburtstagen, beim Tag der „offenen Tür“, an Weihnachten und auch zunehmend in meinen Klassen, obwohl ich nur kurze Zeit das Fach Musik unterrichtet habe. Mein Blockflötenjahr als kleiner Bub hat mich irgendwie abgeschreckt, ein Musikinstrument zu lernen. War wahrscheinlich ein Fehler! Die Schüler haben sich im Unterricht zunächst über mein Singen gewundert, zunehmend aber gefreut.

Man wird – bestärkt durch viel Sport, ehrenamtliche Tätigkeit und tatsächlich auch durch das Singen – im harten Lehreralltag nicht so schnell „umgeworfen“, kann bei vielen Problemen und Sorgen der Menschen besser mitreden und wächst freudiger in den Schulalltag hinein, weil man sich durch diese „Schule des Lebens“ und durch tröstende, bisweilen mitreißende Musik und den Gesang besser gewappnet fühlt für die Härten des Lehrerberufs. Man hält Probleme nicht mehr so schnell für unüberwindbar. Manchmal ist es mir mit dem Singen gelungen, Junge und auch Alte etwas fröhlicher zu stimmen.

Es war gut für mich, bereits mit vierzehn in einem Betonwerk gejobbt zu haben, auch Nachtschichten bei der Post lernte ich später kennen. Unser Hausbau, ein großer Garten, eine Streuobstwiese, auch das Holz „machen“ mit der Motorsäge im Wald haben neben meiner sportlichen Betätigung zur körperlichen Fitness beigetragen, weil sich vieles an der frischen Luft abgespielt hat. Das kommt auch der Schaltzentrale im Oberstübchen zugute, weil Zupacken und körperliche Anstrengung nicht nur die Physis, sondern auch die Psyche stärken. Manchmal war es hart, aber gleichzeitig auch ein Segen und ein gewisser Ausgleich für die Anforderungen und Belastungen im Lehrerberuf.

Einen Vergleich möchte ich noch anbringen. Wenn man einen großen Garten hat, ist manche Arbeit mühsam und zeitaufwendig. Man wird aber durch „das Ergebnis“ belohnt und fühlt sich nach getaner Arbeit im „Grünen“ richtig wohl.

Das habe ich von meiner Frau gelernt. Burnout ist weit weg. Ist nicht auch die komplexe pädagogische Herausforderung ein „großer Garten“?

## 34) Wunsch nach Feedback

Liebe Leserinnen und Leser, liebe ehemalige Schülerinnen und Schüler,

schon vor Jahren habe ich im Unterricht angekündigt, ein Buch über meine Lehrerjahre zu schreiben. Nach Möglichkeit wollte ich keine Namen nennen oder Klassen hervorheben, obwohl ich Grund dazu hätte, weil viele mir ans Herz gewachsen sind. Die „Schulzeit“ hat einen großen Teil meines Lebens bestimmt. Wenn man die eigene und das Studium hinzunimmt, hat sie sage und schreibe 60 Jahre gedauert, vom sechsten bis zum 66. Lebensjahr.

Ich denke noch oft mit viel Freude an Situationen und Ereignisse zurück und hoffe, dass ich ein verständnisvoller Lehrer war, der bestimmt nicht immer alles richtig gemacht hat, versucht habe ich, wirklich ernsthaft, meinen Schülern ein Vorbild zu sein.

Bei meiner täglichen Zeitungslektüre habe ich am 28. 3. 2017 einen guten Satz gefunden:

„Vieles ist im Fluss und mittendrin stehen die Lehrer, die ihre Schüler über alle Untiefen hinweg ans rettende Ufer bringen sollen.“

Richtig, doch alles zerfließt nicht, meine ich. Grundwerte wie Offenheit, Toleranz, Fairplay und Ehrlichkeit bleiben bestehen, solange es Menschen gibt.

Wer möchte, kann mir ein paar Zeilen schreiben, sei es eine positive oder negative Rückmeldung zu meinem Buch!
Meine E-Mail-Adresse: w.hengst@outlook.de

## 35) Loslassen

Wie ich schon zu Beginn meiner Abhandlung erwähnt habe, fällt es mir schwer loszulassen. Immer noch reizt es mich, mit meinen nunmehr 67 Jahren Unterricht zu halten. Will ich beweisen, dass ich es noch kann, dass ich noch nicht zum „alten Eisen" gehöre? Manchmal. Will ich Kritikern und „Burnout-Geplagten" zeigen, dass man *trotz* Fairplay auch mit schwierigen Schülern und Klassen zurechtkommen kann? Vielleicht. Möchte ich jetzt noch ein Zeichen setzen gegen die gar nicht so seltene Berufsverdrossenheit bei Pädagogen? Ja.
Konrad Adenauer, unser erster Bundeskanzler, wurde mit 73 Jahren in sein Amt gewählt. Da hätte ich ja noch Spielraum.
Noten machen, stundenlange Konferenzen besuchen und manches zerreden lassen, will ich jedoch nicht mehr. Da ist mir der Ruhestand doch lieber.

Begonnen habe ich nach dem Studium als Lehrer mit 23 Jahren. Nach genau 40 Jahren ging mir einiges durch den Kopf. Alter Junge, du bist noch ganz gut drauf und kommst nach wie vor mit den Schülern zurecht. Keiner kann dir noch an den „Karren fahren", dir Verfehlungen vorwerfen oder dich wegen deines Unterrichts angreifen. In meinem letzten Schuljahr an meiner geliebten Realschule war es mit meinen Schülern tatsächlich am schönsten. Wohlgemerkt mit meinen Schülern! Ich hatte erstmals keine Klassenlehrerfunktion mehr, das bewirkte mehr Gelassenheit, mehr Lockerheit, mehr Humor im Unterricht, auch weniger Verantwortung. Die besagte Altersmilde kam wahrscheinlich den Kids ebenfalls zugute. Meine Zehntklässler schenkten mir übrigens 2011 ein T-Shirt mit dem Aufdruck „Leithengst". Witzig. Trifft das mein Wirken? Wer weiß?

Die Vorgaben und die Rahmenbedingungen an meiner Schule haben mir aber zunehmend Kopfzerbrechen bereitet und mich nach reiflicher Überlegung zum Entschluss geführt, genau nach vier Jahrzehnten aktiver Zeit mit 63 Jahren aufzuhören. Ohne Burnout-Anzeichen, aber mit etwas Wehmut ging das ziemlich lautlos über die Bühne. Kein Zeitungsartikel, keine Abschiedsfotos. Eine Urkunde zu meinem 40. Dienstjubiläum vom Ministerpräsidenten hatte ich schon drei Jahre zuvor erhalten. Das Studium wurde uns Lehrern beim Dienstjubiläum mit angerechnet. Bei meiner Abschiedsrede habe ich alles erwähnt, was ich als Lehrer gern gemacht habe: motivieren, Leistung fordern, mit Schwierigkeiten zurechtkommen und Fairplay vermitteln. Was mich in den letzten Jahren gestört hat, wollte ich nicht thematisieren, das habe ich unter vier Augen gemacht. Im Grunde genommen war es für mich wie beim Fußball, man muss erkennen, wann Schluss sein sollte mit der aktiven Laufbahn!

Dann kam es, wie es kommen musste. Irgendwie war das für mich noch kein echter Abschluss. Deshalb habe ich mich nach zwei Jahren im Ruhestand – wie erwähnt – zu einem Comeback als Lehrer entschlossen.

Es war eine herrliche Zeit an meiner vierten und letzten Lehrerstation, obwohl ich mich sehr anstrengen musste. Durch die schönen Momente des Unterrichtens an der christlichen Privatschule und eine sehr menschliche Schulleitung bin ich mit mir beim Thema „Aufhören" ins Reine gekommen. Nach acht Monaten Unterricht kam im Mai 2016 eine junge „Nachfolgerin" an diese Schule, der ich, in meinem Alter, nicht im Weg stehen wollte.

Echtes „Loslassen" war das aber immer noch nicht. Auf Anfrage meiner ehemaligen Schulleiterin der Realschule machte ich von Mai bis Juli 2017 Hausunterricht bei einem erkrankten Kind. Völliges Neuland für mich. Unterricht zuhause bei einem Jungen, der im Schuljahr 16/17 wegen seiner Krankheit keine einzige Unterrichtsstunde besuchen konnte. Ich blühte auf, wenn ich zusammen mit ihm im Wohnzimmer der Familie Deutschunterricht machen durfte. Er arbeitete sehr gut mit und ich sah die Dankbarkeit in seinen Augen. Ende gut, alles gut? Ich hoffe sehr, dass er wieder am regulären Unterricht teilnehmen kann.

Herzlich bedanken will ich mich bei meiner Frau Ingrid, die mir über 40 Jahre lang in mancherlei Hinsicht für meinen Beruf und meine Vereinsarbeit den Rücken freigehalten hat. Ihr Fleiß, ihre Ordnungsliebe, ihr Organisationstalent und ihr bewundernswertes Engagement für die Familie, für unser Haus, den großen Garten, ihre Gabe, unser gesamtes Anwesen zu verschönern, die Betreuung der Eltern und seit einigen Jahren auch ihr liebevoller Einsatz für unsere Enkelkinder, das alles war für mich und unser gemeinsames Wirken sehr wertvoll. Seit geraumer Zeit und jetzt vor allem im Ruhestand will sie mich schützen und fordert wohl mit Recht, Berufliches und Vereinsprobleme endlich nicht mehr so sehr in den Vordergrund zu stellen. In dieser Hinsicht fehlte mir lange Zeit die Einsicht, vielleicht schaffe ich es jetzt nach dem Schreiben dieses Buches. Dem allgemeinen Konsumwahn haben wir uns beide nicht angeschlossen. Auch Urlaubsweltmeister waren wir nicht gerade.

Deutschland ist so schön, mit den E-Bikes haben wir zusammen schon einiges entdeckt und wollen das auch in den nächsten Jahren tun.

Herzlichen Dank auch an unsere beiden Kinder Ines und Alexander, die uns durch ihre erfolgreiche schulische und berufliche Karriere nicht nur finanziell recht früh entlastet haben und sich in bewundernswerter Weise auf eigene Füße stellten.

Es war mir vergönnt, freundliche und kompetente Kolleginnen und Kollegen kennenzulernen. Mein Dank gilt auch der Gemeinde Linkenheim-Hochstetten, die uns ein geräumiges Schulhaus baute, drei Großsporthallen, ein Leichtathletik-Gelände, ein Lehrschwimmbecken und uns später noch in Hochstetten das alte Rathaus für unsere Schüler zur Verfügung stellte. Mit der benachbarten GHS und der Förderschule, die ebenfalls stattliche Gebäude nutzen dürfen, machten wir gemeinsame Lehrerausflüge, die ich in angenehmer Erinnerung habe. Herzlichen Dank auch meinem Arbeitgeber, dem Kultusministerium Baden-Württemberg und dem Oberschulamt Karlsruhe für meinen sicheren Arbeitsplatz, auch wenn der Rektor der PH Karlsruhe vor kurzem feststellte, dass Lehrer wegen ihres stressigen Berufes eigentlich unterbezahlt seien. Ich war zufrieden.

Das Schreiben dieses Buches soll es jetzt aber wirklich sein, mein „beruflicher Abschluss“! Das sagt mir eine innere Stimme. Mit Freude will ich nun, gewissermaßen „privat“, meinen Enkelkindern mit Rat und Tat pädagogisch zur Seite stehen, wenn sie das wollen. Ihnen habe ich dieses Buch gewidmet.

Meine „pädagogische Gedankenwelt“ habe ich im November 2017 beendet. Das Schreiben hat mir viel Spaß gemacht! Ein „Lehrbuch“ sollte das Ganze nicht sein, darauf habe ich bewusst hingewiesen, selbst wenn ich in diesem persönlichen Rückblick einige „Thesen“ eingeflochten habe. Irgendwie hat sich mein Text zu kleinen Memoiren entwickelt.

Wie kommen wir mit unserem Leben in einer „Überflussgesellschaft“ zurecht? Ich glaube, Kinder können als Erwachsene womöglich falsch „ticken“, weil sie sich von Kindesbeinen an vielleicht zu oft unfair behandelt fühlen. Ich denke nach wie vor, dass mit Fairplay und gutem Vorbild Erziehung gelingen kann und weder Lehrkräfte noch Eltern noch Jugendliche im Burnout enden müssen.

Ich möchte mit einem Gedicht von Wilhelm Busch schließen, das mir gut gefällt:

Hass – als Minus und vergebens
wird vom Leben abgeschrieben.
Positiv im Buch des Lebens
steht verzeichnet nur das Lieben.
Ob ein Minus oder Plus
uns verblieben,
zeigt der

**Schluss.**

# Der Autor

Wolfgang Hengst
geb. 1950 in Karlsruhe
Realschullehrer im Ruhestand
verheiratet seit 1977
2 Kinder (39 und 33)
2 Enkelkinder (11 und 7)

Lehrerstationen

| | |
|---|---|
| 1973 | GHS Laufenburg |
| 1974 | Realschule Baiersbronn |
| 1975–2013 | Realschule Linkenheim |
| 2015/16 | Christliche Schule Hardt |
| 2017 | Hausunterricht |

# Der Autor